選手

#WINNER

PROLOGUE

천재, 메시아, 그리고 GOAT

스페인에서 열린 ESM 골든슈 수상 행사에서 리오넬 메시와 인터뷰를 가진 한준 저자

역대 최고 Greatest Of All Time. 영어 스펠링 앞글자를 딴 축구계의 'GOAT' 논쟁은 그동안 리오넬 메시와 크리스티아누 호날두의 '메호대전'으로 펼쳐져 왔다. 메시와 호날두 둘 중 누구를 더 높이 평가하고 선호하는 것은 그저 취향 차이라는 의견도 있었지만, 순수히 축구 실력, 공을 다루는 능력을 두고 이뤄진 평가에선 메시 쪽으로 기울었다. 그리고 지난 2022 카타르 월드컵 대회를 기점으로 이 논쟁은 완전한 결론을 얻었다. 월드컵 우승을 차지하며 자신의 경력에 남은 마지막 미션을 이룬 메시가 '당대' 최고의 선수로 공인받은 것에 이어, 20세기 최고의 선수로 논쟁이 벌어진 펠레와 마라도나와 어깨를 나란히 하게 된 것이다. 이제 'GOAT' 논쟁의 대상은 메시와 호날두 사이가 아닌 펠레와 마라도나, 메시를 두고 후대의 평가를 기다리게 됐다.

어린 나이에 독보적으로 보여준 재능으로 '천재'라 불렸고, 바르셀로나에서 이룬 성과로 그의 이름을 딴 '메시아'로 칭송받은 메시는 고국 아르헨티나를 36년 만에 세계 챔피언으로 이끌며 'GOAT' 반열에 올랐다. 아직 은퇴하지 않았지만, 이미 불멸의 존재가 된 메시가 활동한 시대에, 그를 직접 취재할 수 있는 축구 전문 기자로 일한 것은 필자에게 축복 같은 일이었다. 메시가 프로 경력을 보내고 있는 스페인 바르셀로나 현지에서 그의 플레이를 지켜보고, 또 근거리에서 두 차례나 길게 인터뷰를 나눌 수 있는 천운도 따랐다.

축구 선수 메시를 취재하면서, 동시에 '시대의 천재'가 간직한 비밀을 탐구하고 싶었다. 스페인 특파원 시절, 전성시대를 보내던 메시의 경기를 1년이라는 시간 동안 현장에서 지켜봤고, 한국에 돌아온 뒤에도 종종 스페인으로 건너가 메시의 여정을 꾸준히 쫓았다. 2014 브라질 월드컵에서 아르헨티나를 결승전까지 진출시킨 메시의 분투 역시 브라질 현지에서 취재할 수 있는 기회가 주어졌다. 비록 그때 메시는 꿈을 이루지 못했지만, 직접 본 메시는 역시 대단했다. 하지만, 그 또한 사람이라는 결론에 도달하는 것은 어렵지 않았다. 그리고 메시라는 한 인간의 성공 스토리는 2022 카타르 월드컵을 통해 완결됐다고 할 수 있다. 이제는 그의 커리어를 정리하기에 적절한 시기가 됐다.

해를 거쳐 여러 번 메시를 마주하면서 그가 시시각각 변해가고 있다는 것을 목격했다. 과거와 비교한다면 훨씬 더 활달해진 것이 사실이지만, 메시는 달변이 아니다. 현란한 발기술만큼 훌륭한 말 재주를 갖지는 못했다. 메시는 인터뷰를 달가워하지 않는 성격을 가진 선수로 잘 알려져 있다. '그런 메시를 만나면 무엇을 물어야 할까?' 유명 선수나 셀럽들과 인터뷰 기회가 찾아올 때마다 스스로에게 묻는다. 기회는 많지 않다. 잘 팔리는 질문, 독자들이 궁금해하는 질문, 그리고 나 자신이 궁금해하는 질문 사이에서 고민한다. 긴장 끝에 만난 메시는 인터뷰 자체를 꺼릴지언정 인터뷰에 불성실한 선수는 아니었다.

담담하게 자신의 이야기를 하는 메시에게는 당시 어린 나이였음에도 일가를 이룬 이에게 느껴지는 특유의 아우라가 있었다. 준비한 모든 질문을 할 수는 없었지만, 두 번의 기회를 통해 필요했던 대답은 어느 정도 들을 수 있었다. 과연 천재는 태어나는 것일까, 만들어지는 것일까? 역대 최고의 반열에 오른 한 인간의 비밀은 무엇일까? '천재'는 규정하기 어려운 존재다. 때론 모두가 천재로 불렸던 이들이 '천재성을 잃었다'는 평가 속에 '범인'으로 끌어내려지는 경우도 있다. 하지만, 메시는 그 수많은 천재들 중 정점에 오른 유일한 존재가 됐다. 굳이 축구 분야가 아니라고 하더라도 '메시의 축구 인생에 새겨진 '지니어스 코드''는 한 분야의 정상에 오르기 위한 지침서가 될 수 있다.

로마는 하루 아침에 이루어지지 않았다. 메시는 한 가지 비결로 만들어진 것이 아니다. 뱃속에서부터, 태어나고, 자라서, 어른이 된 이후까지 본인은 물론 가족, 지인, 환경, 사건 등 모든 요소가 결합되는 우연 또는 운명이 시대를 초월하는 '천재'를 탄생시켰다. 지금부터 메시의 이야기를 시작한다.

LIONEL MESSI

2004-2021 FC BARCELONA
2021-2023 PARIS SAINT GERMAIN
2023- INTER MIAMI
2005- ARGENTINA NATIONAL TEAM

FC BARCELONA

2004-05, 2005-06, 2008-09, 2009-10, 2010-11, 2012-13, 2014-15, 2015-16, 2017-18, 2018-19 라리가 우승 10회
2008-09, 2011-12, 2014-15, 2015-16, 2016-17, 2017-18, 2020-21 코파델레이 우승 7회
2005, 2006, 2009, 2010, 2011, 2013, 2016, 2018 수페르코파 데 에스파냐 우승 8회
2005-06, 2008-09, 2010-11, 2014-15 UEFA 챔피언스리그 우승 4회
2009, 2011, 2015 UEFA 슈퍼컵 우승 3회
2009, 2011, 2015 FIFA 클럽 월드컵 우승 3회

PARIS SAINT GERMAIN

2021-22, 2022-23 리그앙 우승 2회
2022 트로페 드 샹피옹 우승 1회

ARGENTINA NATIONAL TEAM

2005 FIFA U-20 월드컵 우승
2008 올림픽 금메달
2021 코파 아메리카 우승
2022 피날리시마 우승
2022 FIFA 월드컵 우승

DECISIVE MOMENTS

1 냅킨에 쓴 계약서

2000년 10월, 바르셀로나에 15일간 머물며 여러 차례 경이로운 드리블을 보여준 메시는 당시 바르사 단장이었던 카를레스 렉사흐의 마음을 사로잡았다. 하지만 바르사 유소년 팀의 당시 예산 문제로 메시에게 바로 계약을 제시할 수는 없었다. 메시의 부친 호르헤는 당장 사인이 이뤄지지 않는다면 다른 팀을 택할 수밖에 없다는 입장을 전했다. 이에 바르사 단장 렉사흐가 그 유명한 '냅킨 계약서'를 내밀었다. 메시 측의 모든 조건을 수용하고, 바르사 계약을 전적으로 책임지겠다고 서명했다.

2 호나우지뉴와의 만남

"메시는 이 식탁에 앉을 수 있는 유일한 아르헨티나 사람이다." 브라질 출신의 호나우지뉴는 축구적으로 라이벌 관계에 있는 아르헨티나를 적대시하는 편이었는데, 늘 메시와 함께 밥을 먹었다. 호나우지뉴는 메시의 라리가 데뷔골을 직접 만들어줬다. 2004-05시즌 알바세테와의 라리가 34라운드 경기, 메시는 공격수 사뮈엘 에토오 대신 교체로 들어갔고, 호나우지뉴는 메시에게 귓속말을 전했다. "네가 골을 넣을 수 있도록 패스해줄게. 내일 신문 1면의 주인공은 네가 될 거야." 후반 45분을 넘긴 시간, 호나우지뉴의 로빙 패스가 메시에게 이어졌다. 메시는 골키퍼를 넘기는 슈팅으로 골을 터뜨렸고, 호나우지뉴가 먼저 달려가 메시를 등에 업으며 진심어린 축하를 건넸다.

3 20세 이하 월드컵 평정

마라도나는 메시가 아르헨티나 청소년 대표로 2005 FIFA U-20 월드컵에 참가했을 때 연락을 취했다. 2005년 6월 28일 브라질과의 준결승전을 앞두고 경기를 준비하고 있을 때 메시에게 전화를 걸어 아르헨티나로 우승컵을 가져와 달라고 당부했다. 마라도나는 대회가 열린 네덜란드 현지에서 일하던 기자를 통해 메시와 대화를 시도할 정도로 열성을 보였다. 마라도나와 통화한 메시는 마라도나의 부탁을 완수했다. 아르헨티나에 우승컵을 안겼다.

4 과르디올라와 이룬 트레블

드리블 능력이 뛰어난 왼발잡이 윙어로 이름을 알린 메시는 2008년 여름 주제프 과르디올라 감독이 지휘봉을 잡은 뒤 바르셀로나의 주 득점원으로 활약하기 시작한다. 2008-09시즌 트레블 달성 과정에 3개 대회에서 38골을 넣은 메시는 2009-10시즌에 가짜 9번으로 자리잡고 한 시즌 47골을 넣었으며, 2010-11시즌 53골, 2011-12시즌 73골로 역대급 득점 기계로 자리매김했다.

5 크리스티아누 호날두와 엘클라시코

메시와 호날두의 대결은 바르셀로나와 맨체스터유나이티드의 챔피언스리그 격돌로 시작됐다. 2009년 여름 호날두가 레알마드리드에 입단한 뒤에는 엘클라시코가 '메호대전'으로 펼쳐졌다. 2010년 주제 무리뉴 감독까지 레알마드리드에 부임한 뒤로는 엘클라시코가 '지구상 최대 축구쇼'로 불리며 세계 최고의 축구 경기로 통했다. 메시의 명성과 인기를 전지구적으로 떨치게 한 매치업이었다. 그리고 메시는 엘클라시코 역사상 최다 득점 선수로 승리자가 됐다.

6 아르헨티나 대표 3회 연속 준우승

바르셀로나에서 모든 우승 트로피를 섭렵하며 유럽 축구를 정복한 메시는 정작 아르헨티나 대표팀에서는 우승과 인연이 없었다. FIFA U-20 월드컵 우승, 베이징 올림픽 금메달로 연령별 대회는 지배했으나 2014 브라질 월드컵 준우승, 2015 코파 아메리카 준우승, 2016 코파 아메리카 센테나리오 준우승으로 3회 연속 준우승에 그치자 일시적으로 국가대표 은퇴를 선언하기도 했다. 아르헨티나 대표팀에서의 시련은 메시를 겸허하게 만들었고, 팀을 더 생각하는 선수로 성장시켰다.

7 경이로운 7 발롱도르

바르셀로나에서 트레블을 이루며 2009년에 생애 첫 발롱도르를 수상한 메시는 2012년까지 내리 4년 연속 수상하며 역대 최다 수상 기록을 달성한다. 메호대전의 라이벌 크리스티아누 호날두가 챔피언스리그 연속 우승 및 득점왕 등의 성과로 추격해왔으나 통산 두 번째 트레블을 이룬 2015년에 다섯 번째 발롱도르를 수상했고, 2019년과 2021년에도 수상을 이어가 독보적인 7회 수상을 이뤘다. 2022 카타르 월드컵 우승으로 인해, 2023 발롱도르 수상이 유력하며, 총 8회 달성이 가능할 것으로 보인다.

8 2021 코파 아메리카 우승

2021 코파 아메리카에 참가한 메시는 어느새 아르헨티나 대표로 10번째 메이저 대회에 나섰고, 대표팀의 주장으로 우승의 감격을 누린다. 대회 득점왕 및 도움왕, 골든볼을 석권하며 코파 아메리카 트로피를 고국에 안겼다.

9 바르셀로나 떠나 파리생제르맹 이적

13세부터 생활했던 바르셀로나에서 평생을 뛸 것처럼 경력을 이어온 리오넬 메시는 코로나19 팬데믹의 영향으로 2021년 여름 자유계약 선수로 풀려난다. 바르셀로나는 급증한 부채로 인해 라리가 샐러리캡 규정을 준수할 수 없어 메시와 신규 계약을 체결할 수 없었다. 메시는 결국 프랑스 파리생제르맹으로 이적해 새로운 도전에 나서게 된다.

10 2022 카타르 월드컵 우승

메시는 마침내 커리어의 마지막 퍼즐 조각을 완성하며 축구 역사상 최고의 선수로 공인받았다. 2022 카타르 월드컵에서 16강부터 결승전까지 모든 토너먼트 경기에서 득점하는 진기록 속에 7골 3도움으로 총 10개의 공격포인트를 올렸다. 프랑스와 결승전 승부차기 승리로 월드컵 역사상 최고의 선수 반열에 올랐다.

CONTENTS

8	프롤로그: 천재, 메시아 그리고 GOAT
12	리오넬 메시 커리어의 결정적 순간

ROSARIO 메시를 낳은 도시

18	01 축구 선수 컨베이어 벨트
26	02 메시 패밀리
30	03 La Pulga
36	04 성장 호르몬 결핍증

BARCELONA 메시를 만든 도시

46	01 라마시아에서 메시가 배운 것
52	02 네 번의 월반
60	03 호나우지뉴와의 만남
66	04 메시가 함께 한 감독들
82	05 MSN 트리오
88	06 메호대전
94	COLUMN: 메시가 말하는 겸손의 비밀

Don't Cry For Me ARGENTINA 역사의 완성

102	01 마라도나의 후계자
106	02 2014년 여름, 악몽의 브라질
112	03 3연속 준우승 후 대표팀 은퇴… 복귀 후 2021 코파 아메리카 우승
118	04 2022 카타르 월드컵
126	COLUMN: 메시의 드리블 비밀

PARIS Match 파리의 도전

132	01 바르셀로나를 떠나다
140	02 환호 뒤의 야유, 마지막 도전
146	03 유럽을 떠나 미국으로 향한 배경
150	COLUMN: 메시가 경기장에서 걷는 이유

156	에필로그: 아버지 메시, 천재에서 거장으로

ROSARIO

메시를 낳은 도시

아르헨티나의 로사리오.
남미와 여행, 축구에 관심이 있는 사람이라면
한번쯤 들어봤을 법한 도시이지만, 세계지도를 보고
단번에 찾아낼 수 있을 만큼 널리 알려진 곳은 아니다.
하지만 이 도시는 어쩌면 자신의 이름보다
훨씬 더 큰 이름을 잉태함으로써 그 존재감을 드러냈다.
로사리오는 자국 아르헨티나는 물론 전 세계의 축구팬들에게
위대한 선물 하나를 남겨주었다.

> 로사리오ROSARIO는 다른 도시와 다르다.
> 축구에 대한 특별한 열정을 가진 도시다.
> 마치 축구 선수를 배출하는 컨베이어 벨트 같다.
> 로사리오의 목표는 축구 재능을 생산하는
> 축구 공장이 되는 것처럼 보인다.
>
> 헤라르도 '타타' 마르티노 전 FC바르셀로나·아르헨티나 대표팀 감독

01　축구 선수 컨베이어 벨트

독일에서 태어난 미국인 정신분석학자 에릭 에릭슨은 인간의 성격이 개인의 욕구와 사회문화적 요인의 상호작용으로 발달한다고 했다. 전적으로 그가 태어난 장소에 의해서 같은 성격을 지니게 되는 것은 아니지만, 지역적 특성과 개인의 상황이 서로 영향을 주고받으면서 한 개인의 기질이 형성되는 것은 논리적인 이야기다. 나고 자란 곳이 그 사람의 운명을 결정한다는 이야기는 수많은 천재들의 '신화' 속에도 오롯이 녹아 있다. 리오넬 메시(Lionel Andres Messi)도 예외는 아니다.

"NOS DEJA PERO NO SE VA PORQUE EL DIEGO ES ETERNO"

많은 사람들이 메시의 성공 비결로 FC바르셀로나(Futbol Club Barcelona, 이하 바르사(Barca)) 유소년 팀에 입단해 '라 마시아(La Masia, 농장이라는 뜻의 스페인어. 바르사 축구팀의 유소년 팀 숙소의 별칭. 바르사 유소년 시스템을 대표하는 말로 쓰인다)'의 시스템에 따라 육성된 것에 주목한다. 하지만, 그보다 더 중요한 것은 바르사가 그의 재능에 주목하게 된 시점의 기량이다. 메시를 인터뷰했을 때 그가 가진 기술의 원천을 물었고, 메시는 "제가 가진 기술은 이미 바르셀로나에 오기 전에 완성되어 있었습니다"라고 말했다. 메시의 천재성에 대한 비밀을 알기 위해 그가 스페인 바르셀로나로 이주하기 이전의 역사를 살펴봐야 한다. 메시는 어떻게 자신만의 기술을 그토록 어린 나이에

구축할 수 있었을까? 메시는 1987년 6월 24일 남미 대륙의 아르헨티나 로사리오에서 태어났다. 전설은 바로 이 도시에서부터 시작된 것이다.

꾸준히 축구 천재를 배출해온 아르헨티나에서 유독 눈에 띄는 지역이 있다. 바로 메시의 고향, 로사리오다.

로사리오는 축구를 떠나 아르헨티나 역사에 중요한 의미를 갖는 도시다. 아르헨티나에서 수도 부에노스아이레스 못지 않게 많은 관광객을 불러 모으는 이곳은 아르헨티나 국기의 고향이기도 하다. 마누엘 벨그라노 장군이 로사리오에서 당시 처음 제작된 아르헨티나 국기를 1812년 게양했다. 기념비적인 장소에 국기 기념관과 거대한 국기 기념비가 자리잡고 있다. 수많은 아르헨티나 국기가 나부끼는 이곳은

밤이 되면 하늘빛 조명과 더불어 장관을 연출한다. 벨그라노 장군은 스페인의 통치를 받던 아르헨티나의 독립전쟁을 이끈 인물로 하늘과 땅을 의미하는 하늘색과 하얀색, 그리고 중앙에 32개의 황금빛을 발하는 인간 얼굴 모습을 한 태양을 디자인했다. 이 문양은 1816년 7월 20일에 공식적으로 아르헨티나 국기로 제정되었으며, 벨그라노 장군이 서거한 6월 20일을 아르헨티나는 '국기의 날'로 지정해 잊지 않고 있다.

마치 신전과도 같은 국기 기념비로 상징되는 로사리오는 유서 깊은 도시다. 혁명가 체 게바라의 고향이기도 한 로사리오에서 아르헨티나를 이끌어 가는 축구의 신들이 대거 배출되었다. 2014 브라질 월드컵에서 준우승을 차지한 당시 아르헨티나 대표팀의 23명 선수 명단을 살펴보면 넓디넓은 아르헨티나에서 유독 로사리오 지역이 많은 스타를 배출한 사실을 알 수 있다. 에세키엘 가라이, 앙헬 디마리아, 리오넬 메시, 막시 로드리게스, 에세키엘 라베시, 하비에르 마스체라노 등 여섯 명의 선수가 로사리오 권역에서 태어났다.

남미 예선전 참가 선수를 포함하면 숫자는 더 늘어난다. 에베르 바네가, 이그나시오 스코코도 로사리오가 배출한 아르헨티나의 축구 스타다. 이들 중 디마리아와 메시, 바레시, 바네가, 막시 등은 세계 축구계 전체에서도 탁월한 기술력과 창조성을 인정받은 선수들이다. 마스체라노와 가라이 등 유럽 최고 무대에서 높이 평가받은 수비수들도 있다. 로사리오 외에 다수의 선수를 배출한 지역은 4명의 출신지인 수도 부에노스아이레스뿐이다. 그 외 선수들은 각기 다른 지역에서 모였다. 역대 아르헨티나 축구 최고의 스타 중 하나로 꼽히는 마리오 켐페스와 아벨 발보, 로베르토 센시니, 마우리시오 포체티노 등 로사리오는 지속적으로 아르헨티나 대표팀의 중심을 이룬 선수들을 배출해왔다. 아르헨티나 출신으로 최고의 축구전술가로 불리는 마르셀로 비엘사 감독도 로사리오에서 태어났다. 2022 카타르 월드컵 우승을 이룬 26인의 아르헨티나 선수들의 출생지를 살펴봐도 메시와 디마리아 외에 백업 공격수였던 앙헬 코레아까지 3명이 로사리오 출신이었다. 로사리오가 세계 최고의 선수를 배출해온 비결은 무엇일까?

훌륭한 스타를 배출한 이유다. 메시는 바로 그 케이크 위의 마지막 장식 같은 절정의 존재다"라고 설명했다.
메시의 전기를 집필한 스페인 축구 전문가 기옘 발라게는 "로사리오에서 축구는 삶이다. 삶이 곧 축구다"라고 썼다. 로사리오 지역의 축구는 로사리오센트랄과 뉴웰스올드보이스의 라이벌 경기로 대표된다. 그러나 그 두 팀 외에도 수많은 팀이 존재한다. 5~6개의 지역 리그가 운영되며, 하루 종일 도시 이곳 저곳에 위치한 경기장에서 작은 리그 경기가 열릴 정도로 축구 열기가 높은 도시다. 시내 두 블록에 한 곳씩 축구 경기장이 있을 정도로 쉽게 축구를 접할 수 있다. 로사리오에는 축구 행정인, 트레이너, 심판, 감독 등 선수뿐 아니라 축구와 관련된 모든 직업군에

"내가 가장 좋아하는 기억은 내 고향, 이웃 그리고 내가 태어난 곳에 관한 것이다."

2013-14시즌 FC바르셀로나 감독으로 재직하면서 메시를 지도했고, 2014년 월드컵 종료 후 아르헨티나 대표팀 지휘봉을 잡았던 '타타' 헤라르도 마르티노 감독은 "다른 도시와는 다르다. 축구에 대한 특별한 열정을 가진 도시"라고 로사리오를 설명했다. 그 자신도 로사리오 출신이며, 로사리오 지역을 대표하는 축구클럽 뉴웰스올드보이스의 감독을 맡았던 지역 토박이다. 마르티노 감독은 "로사리오 지역은 마치 축구 선수를 배출하는 컨베이어 벨트 같다. 축구 재능을 생산하는 축구 공장이 되는 것이 이 도시의 목표인 것 같은 느낌이 들 정도다. 이곳에는 축구 열정이 충만한 어린 선수들이 많다. 로사리오 유소년 아카데미가 그동안 호르헤 발다노, 가브리엘 바티스투타 등 수많은

직간접적으로 종사하는 시민이 많고, 이는 남녀를 가리지 않는다. 누구나 어린 시절 쉽게 축구를 접하고, 직접 해본 경험이 있으며, 응원하는 팀을 하나쯤 가지고 있다.
메시와 더불어 아르헨티나 역사상 최고의 축구 영웅으로 불리는 디에고 마라도나도 로사리오와 인연이 있다. 마라도나를 신으로 모시는 종교의 성당, 일명 '마라도나 성당'도 로사리오에 있다. 매해 마라도나의 생일인 10월 30일에는 이 성당에서 커다란 종교 행사가 열린다.
마라도나도 1993년에 짧은 기간이지만 뉴웰스에서 선수 생활을 한 적이 있다. 흥미로운 사실은 메시도 마라도나의 뉴웰스 데뷔전을 현장에서 관전한 유년기의 경험을 가지고 있다는 것이다.

로사리오에 산다면 축구를 사랑하며 자라는 것이 당연한 일이 된다. 로사리오에서는 축구가 일상이며, 축구가 지역 사회에 특별한 의미를 지닌다. 그렇다면 일찌감치 축구에 대한 상식과 기술, 목표 의식이 자연스럽게 형성될 수밖에 없다. 축구를 잘하는 것이 이 지역에서는 칭찬받는 덕목으로 여겨지기 때문이다.

메시의 집에서 200미터가량 떨어진 곳에 잔디가 있어서 축구를 할 수 있었다. 메시의 형제와 사촌, 동네 친구들이 거리에서 하는 놀이는 거의 대부분 축구였다. 메시가 처음 유소년 축구 지도자의 눈에 띈 그란돌리 축구클럽도 할머니의 손을 잡고 찾아갈 수 있을 정도로 멀지 않은 곳에 있었다. 집에서 15블록 밖에 떨어지지 않은 위치에 있던

한국 역시 2002 한일 월드컵을 개최하며 양질의 축구 인프라를 구축했고 그를 바탕으로 기술적인 발전도 이뤄졌다. 또한 당시 유년기를 맞은 아이들이 축구에 대해 높은 관심을 갖기 시작했고, 미디어 역시 축구를 주요 소재로 다루었다. 월드컵을 개최한 이후 많은 나라들이 축구 발전을 이루게 되는 것은 결코 우연이 아니다. 축구의 불모지로 불린 미국도 1994 미국 월드컵에서 16강 진출을 이룬 이후 꾸준히 월드컵 무대에 모습을 드러내며 8강 진출의 성과를 냈고, 자국 리그 역시 크게 발전하고 있다.

메시의 가족은 이탈리아 이민자 출신이다. 메시의 부친 호르헤는 어린 시절에는 축구 선수였으나 프로로 성공하지 못해 공장 노동자로 일하며 가족을 부양했다. 로사리오

경기장은 걸어서 가기 충분하다. 쉽게 닿을 수 있는 곳에 축구 선수가 되기 위한 '시설'이 준비되어 있었다.

또 한 가지 중요한 사실은 메시가 태어난 1987년이 아르헨티나가 통산 두 번째 월드컵 우승을 달성한 1986 멕시크 월드컵 개최 1년 뒤로 축구에 대한 인기와 열기가 어느 때보다 뜨겁던 시기라는 점이다. 1978 아르헨티나 월드컵 개최로 사상 첫 우승을 이룬 아르헨티나는 당시를 기점으로 축구 인프라가 크게 확대되었고, 축구 선수로 성공하고자 하는 사람들의 열망이 증폭되고 있었다. 국가적으로는 1982년 포클랜드 전쟁에서의 패배가 있었고, 1983년 12월 민주화가 이루어지면서 격동의 시대를 맞이하고 있었다.

도심에서 50km나 떨어진 비야 콘스티투시온 지역에 위치한 철강회사 아신다르의 공장에서 일했다. 메시는 "스파게티, 라비올리, 초리소 등 이탈리아 음식을 주로 먹었다. 내가 가장 좋아한 음식은 밀라노식 고기였다"며 유년기를 떠올렸다. 마라도나의 경우 부에노스아이레스에 위치한 슬럼가 태생으로 헝그리 정신의 성공 사례 표본으로 꼽힌다. 브라질에서도 많은 아이들이 가난을 이기기 위해 축구에 모든 것을 쏟았다. 그러나 이제는 꼭 가난과 궁핍이 최고의 자리에 오르기 위한 자양분이 되지는 않는다. 마라도나 세대 이후의 아르헨티나 재능은 부유함과는 거리가 있었지만 일정 수준 이상의 경제적 기반을 갖고 있었다. 축구는 여전히 빈자들이 꿈꾸는 탈출구가 되기도 하지만, 사실

그보다는 철저한 계획과 충분한 지원 아래 최고의 선수가 만들어지는 것이라고 봐야 한다.

로사리오는 아르헨티나에서 세 번째로 큰 도시다. 북동부에 위치한 로사리오는 수도 부에노스아이레스의 위쪽에 자리잡고 있다. 파라나 강을 끼고 있기에 선박을 통한 무역업이 성행했다. 파라나 강은 대서양으로 연결된다. 그 덕분에 수심 9.75미터의 항구도 자리잡고 있어 해상 수출입의 중계지 역할을 했다. 이로 인해 로사리오에는 주요 철도역이 건설되어 전국 이곳 저곳과 교류가 활발하게 이루어질 수 있었다. 19세기 초까지 도시의 모습을 갖추지 못했던 로사리오는 지리적 조건으로 인해 19세기 중반부터 산업화가 급속히 진행되었다. 19세기 초까지 스페인의 지배를 받다가 독립한 아르헨티나 19세기 후반 유럽에서 건너온 대규모 유럽 이민자들이 합류하면서 급격히 인구가 늘었다. 메시의 모친 셀리아의 성씨인 쿠치티니(Cuccittini), 아내 안토네야의 성씨인 로쿠조(Roccuzzo), 가장 친한 동네 친구 루카스의 성씨 스칼리아(Scaglia) 등은 전부 이탈리아 이민자의 성이다. 이탈리아의 마르체 안코나, 레카나티 등 여러 지역에서 많은 사람들이 로사리오로 이민했다. 로사리오를 구성하는 인구 상당수가 이탈리아와 스페인의 이민자였다. 산업화와 대규모 이주민은 축구 명문클럽을 유치한 도시들의 특징과 일맥상통한다.

축구 경기를 경제학적으로 분석한 책 『사커노믹스(Soccernomics)』는 유럽 축구의 세력 균형을 관통하는 키워드로 전체주의, 공장도시로 과거를 정리했고 메트로폴리스로 미래를 전망했다. 아르헨티나는 군사 독재를 경험하며 축구에 대한 정치적 지원이 있었고, 로사리오는 그 중에서도 산업 도시로 수많은 노동자가 정착한 곳이다. 축구를 통해 공동체 의식 함양 및 역사적 기반이 취약한 시민들에게 도시에 대한 자부심을 고양시킬 수 있는 효과를 봤다. 메시의 가족 모두가 지역 축구 클럽 뉴웰스의 팬이 된 것도 결코 우연이 아니다.

로사리오의 축구 열기는 기네스북에 등재될 정도로 공인을 받았다. 1971년 12월 19일 아르헨티나 내셔널챔피언십 준결승전은 로사리오를 연고로 하는 로사리오센트랄과 뉴웰스올드보이스의 경기로 펼쳐졌다. 당시 경기는 수도 부에노스아이레스에서 열렸는데, 두 팀의 더비전이 모누멘탈 경기장에서 열린 것은 그 때가 처음이었다. 그야말로 살얼음판과 같은 승부는 센트랄 공격수 알도 포이의 다이빙 헤딩골로 승부가 결정됐다. 이때 포이가 넣은 헤딩골은 고유의 대명사가 되어 로사리오의 축구 역사에 남았다. 센트랄은 이 골로 결승에 오른 뒤 창단 이후 처음으로 아르헨티나 챔피언에 등극했다. 결승전보다 이 준결승전의 승리가 여전히 회자될 정도로 극적이었다. 포이의 골은 1995년 기네스북에 '가장 많은 사람들이 열광한 골'로 등록되었다. 축구에 열광하는 수많은 도시가 전 세계 도처에 존재하지만, 기네스북에 오를 정도의 폭발력을 가진 열기가 로사리오에 있었다. 메시는 도시 로사리오에 충만한 축구 열정을 온몸에 담고 태어났다.

02 **메시 패밀리**

메시의 조부는 건축업에 종사했던 에우세비오다. 부친 호르헤는 에우세비오의 영향을 받아 역시 아르헨티나 로사리오에 터전을 잡은 뒤 식당과 거실, 침대 두 개로 구성된 가족의 집을 직접 설계했다. 그러나 호르헤의 진로 선택은 건축이 아니었다. 그는 청소년기에 축구 선수를 꿈꿨다. 4년 동안 로사리오 지역 최고의 축구팀인 뉴웰스 올드보이스의 유소년 팀에서 뛰며 프로 선수를 꿈꿨다. 당시 호르헤는 촉망받는 미드필더였다. 미래에 대비하기 위해 낮에는 축구를 하고 저녁에는 학업을 병행할 정도로 철두철미했다. 그는 훈련 시간 이후 오후 5시부터 9시까지 는 화학 공학자가 되기 위해 공부했다.

호르헤에게 일자리를 준 것은 축구가 아닌 화학이었다. 뉴웰스 2군 팀에서 뛰던 호르헤는 군대에 다녀온 뒤 화학 학위를 취득했다. 만 22세의 청년 호르헤는 1980년 아르헨티나 철강회사 아신다르에 입사해 회사원이 되었다. 입사 첫 해에 장남 로드리고를 낳았다. 그의 진로 결정에는 가장이 되어야 했던 운명도 한몫했다. 호르헤의 직장은 로사리오의 도심에서 50km가량 떨어진 비야 콘스티투시온 지역에 있는 공장이었다. 호르헤는 버스로 통근했다.

가족을 위해 근면하게 일한 호르헤는 매니저로 진급한 뒤 1982년 둘째 아들 마티아스를 낳았다. 메시가 태어난 것은 아르헨티나가 1986 멕시코 월드컵에서 우승한 지 1년 정도 지난 1987년 6월 24일이었다. 당시 만 29세의 호르헤는 셋째 아들 리오넬을 마주했다. 3.6kg의 몸무게에, 키는 47cm였다.

아르헨티나의 경제 위기가 극심한 시기였지만 메시 가족은 단란했다. 메시는 "우리는 대단할 것 없는 평범한 가족이었다. 가난하지는 않았다. 솔직히 별로 바라는 것이 없었다"며 부족함 없이 자랐다고 회고했다. 둘째 아들 마티아스도 "아버지는 성실한 노동자였고, 겸손하셨다. 부모님은 더 나은 삶을 위해 일했고, 우리는 좋은 학교에서 공부할 수 있었다. 더 바랄 것이 없었고 더 원하는 것도 없었다"는 말로 가족이 평화로웠다고 말했다.

풍족하지는 않았지만, 가진 것에 감사할 줄 알았던 메시 가족을 하나로 묶은 것은 축구였다. 메시의 가족 모두 호르헤가 유소년 선수로 뛰었던 뉴웰스의 팬이었다. 메시의 큰형 로드리고는 만 11세에 뉴웰스 유소년 팀에 입단했고, 둘째 형 마티아스도 뒤를 이어 뉴웰스 유소년 팀 선수가 됐다. 로드리고는 득점력, 스피드, 기술력이 뛰어난 중앙 공격수였다. 불운한 교통사고로 인한 경골 부상으로 도중에 축구를 그만둔 로드리고는 요리사로 진로를 바꿨다. 마티아스는 수비수로 축구를 시작했는데, 1년 만에 뉴웰스 유소년 팀에서 나왔다. 몇 년이 지나 로사리오 지역 리그에 소속된 아틀레티코엠팔메센트랄에 입단해 만 27세가 되기까지 선수 생활을 했다. 로사리오에 함께 살았던 메시의 사촌형제 막시, 에마누엘, 브루노 역시 마찬가지로 축구가 삶이었다. 막시는 165cm의 단신으로 아르헨티나 명문클럽 산로렌소에 입단할 정도로 실력을 인정받았다. 공격수로 이후 파라과이, 멕시코, 브라질 등 중남미 지역 주요 리그에서 꾸준히 활동 중이다. 에마누엘은 뉴웰스 유소년 팀에서 왼쪽 미드필더로 뛰었고, 독일 TSV1860뮌헨, 스페인 지로나, 파라과이 올림피아 등의 클럽을 거치며 프로 선수 생활을 했다. 메시보다 어린 1996년생 브루노 축구선수의 꿈을 키우며 페르난도 레돈도(레알마드리드와 AC밀란에서 활약했던 창조적인 중앙 미드필더)와 산티아고 솔라리(레알 마드리드에서 활동했던 측면 미드필더) 등 스타 선수를 배출한 지역 유소년 팀 레나토세사리니에 입단했다.

이러한 환경 속에서 메시가 축구에 빠져들고, 일찌감치 재능을 싹 틔울 수 있었던 것은 매우 자연스러운 일이다. 메시는 늘 축구를 보고, 축구를 하며 축구를 온몸으로 즐기는 부모와 형제, 친척, 친구 사이에서 자랐다. 메시가 원하든, 원치 않은 축구는 그에게 있어 삶의 일부가 될 수밖에 없는 환경이었다.

호르헤는 자연스럽게 자신의 세 아들에게 축구를 가르쳤다. 실제로 지역 유소년 축구 팀의 감독으로 일한 적이 있기도 할 정도로 전문적인 지도 능력을 갖추고 있었다. 아버지의 지도와 또래의 형제 및 친척들과 어울려 아주 어린 나이부터 축구를 접한 메시에게 호기심의 대상은 오직 축구일 수밖에 없었다. 더불어 몸집도 크고 경험도 많은 형들 사이에서 축구를 한 메시는 매번 지는 날이 많을 수밖에 없었는데, 그래서 형들보다 더 어린 나이에 더 많은 시간을 축구에 매진하는 동기가 생겼다. 보고 배우고 이기겠다는 마음이 어린 메시의 성장 속도를 더 빠르게 만들었다.

집 앞 공터에서 공을 차던 형들의 모습, TV 화면에서 공을 차는 뉴웰스 선수들의 모습을 보며 스스로 공을 차고 싶다는 동기를 마음에 품은 메시는 '모태 축구인'이었다. 정상급의 선수는 아니었지만, 프로의 문턱까지 갔던 아버지의 유전자와 축구 열정, 그리고 지도법을 전수받은 메시는 선천적 유전자와 후천적 환경의 결합 속에 축구의 화신이 될 수밖에 없었다.

03

La Pulga

메시의 성공을 이야기할 때 빠지지 않는 이야기는 단연 FC바르셀로나의 선진 유소년 시스템이다. 메시는 만 12세에 아르헨티나를 떠나 스페인 바르셀로나로 이주했고, 2021년 여름 바르셀로나가 재정 문제로 메시와 재계약할 수 없어 파리생제르맹으로 이적하기 전까지 제2의 고향으로 살았다. 메시 외에도 우수한 선수들을 다수 배출한 바르사는 축구 역사상 최고의 유소년 교육기관을 갖춰 선수 이적에 큰 돈을 들이지 않고 최고의 팀을 만들 수 있다는 기준점이 되었다. 메시는 바르사가 자랑하는 유소년 기숙사 '라 마시아'의 대표적인 인물이며, 바르사 유소년 교육의 표상이다. 하지만, 메시는 기자와 가진 인터뷰에서 자신이 가진 독보적인 기술은 바르사에서 배운 것이 아니라고 말했다.

> **난 아주 어릴 때부터 지금과 같은 스타일로 축구를 했다. 그 모습이 지금까지 이어지고 있는 것이다. 이런 스타일을 찾으려고 노력했던 것은 아니다. 그저 어릴 때부터 이렇게 축구를 하고 있었을 뿐이다.**

메시의 최대 장점은 그 어떤 수비의 압박이라도 뚫어내는 드리블 기술이다. 바르사도 그 기술에 반해 아주 어린 메시를 영입했다(그의 놀라운 드리블 기술의 구축과 라 마시아의 교육에 대해서는 뒷장에서 자세히 설명한다). 즉, 메시는 이미 만 12세의 나이에 지금과 거의 같은 놀라운 기술을 갖추고 있었던 것이다. 메시에

앞서 바르사에서 최고의 업적을 이룬 브라질 공격수 호나우지뉴는 "메시를 처음 본 순간 이미 그가 나보다 위라는 것을 알아챘다"고 말했다. 그가 가진 이 놀라운 기술은 다른 이들이 아무리 노력하고 따라잡기 어려운 수준에 도달해 있었고, 지금까지도 타의 추종을 불허하고 있다.

자신의 유아기를 생생하게 기억하는 이들이 얼마나 될까? 나이를 먹을수록 아주 어린 시절의 기억은 하나의 흐릿한 장면으로만 떠오르는 경우가 많다. 메시는 자신이 축구와 처음 만났던 시절을 여전히 또렷하게 기억하고 있다.

"
아주 어릴 때였다.

세 살이나 네 살 정도?

동네에 있는 팀에서 축구를 했다.

아장거리면서 공을 차던 이미지가 떠오른다.

정말 어릴 때 시작했다.

어렸을 때부터 축구공을 아주 좋아했다.

"

물론 메시 자신이 모든 것을 기억할 수는 없다. 그의 부모가 기억하는 유년기를 들어본다. 메시는 9개월 때부터 걷기 시작했다. 평균적으로 아이들이 걸음마를 시작하는 시기는 13개월 정도다. 손을 잡아주면 걷기 시작하는 것은 생후 10~11개월 무렵이고, 늦어도 15개월이면 혼자서 걸음마를 하는 경우가 대부분이다. 메시는 이보다 4~6개월 정도 먼저 걸었다. 처음 두 다리로 서자마자 문 밖으로 나가려고 했다. 메시의 집은 늘 문을 열어 두었고, 어린 메시가 실제로 문 밖으로 비틀거리며 나가다 넘어진 일이 있었다. 그렇게 넘어져서 팔이 부러지는 일도 있었으나, 치료를 받은 뒤 별다른 두려움을 갖지 않았다. 메시는 계속 아장거리면서 공을 가지고 노는 형들을 따라 걸었다. 같이 공을 차지는 못했지만 축구공에 집중하고 공을 쫓는 일로 걸음을 익혔다.

메시는 만 3세 생일에 붉은색으로 다이아몬드 모양이 칠해진 뉴웰스올드보이스의 축구공을 선물로 받았다. 이미 첫 돌에 뉴웰스 유니폼을 선물로 받은 메시는 겨우 만 3세에 공을 차고 놀 수 있을 정도로 컸다. 메시는 생일 선물로 받은 공을 차며 놀았고, 만 4세가 되었을 때는 형제들 사이에 끼어들어가 함께 공을 차는 수준에 이르렀다. 물론 모친 셀리아가 늘 함께 했다. 메시는 "엄마가 나가서 축구를 하도록 해주셨는데, 내가 다른 형들보다 훨씬 어렸기 때문에 언제나 옆에서 날 지켜보셨다. 내가 우는지 안 우는지 살피셨다. 그렇게 해주신 것이 내게는 아주 큰 영향을 끼쳤다"고 회고했다.

메시의 형 로드리고는 메시가 2012년 FIFA 발롱도르를 수상할 때 "메시는 공과 함께 태어났다. 공과 함께 살고. 공과 함께 잤다. 그저 공만 바라봤다"고 말하며 메시의 축구 열정에 대해 말했다. 실제로 어린 메시는 공 없이는 잠 들지 못했다. 공이 근처에 있거나 다리 사이에 있다는 느낌이 없으면 깊이 잠들지 못했다. 근처에 공이 없으면 우울해 보였다. 그는 공을 찰 때 외에도 항상 공과 함께 했다. 엄마와 함께 장을 보러 갈 때를 비롯해 거리를 나서는 모든 순간에 공을 몰고 다녔다. 손에 들기 어렵거나 차면서 다니기 어려운 곳에 가더라도 공을 넣을 가방을 휴대하거나 축구 양말로 감아 올려서 가지고 다녔다. 할 수 있는 모든 방법을 동원해 축구공과 떨어지지 않으려 했다. 강박이나 집착에 가까운 수준으로 공과 붙어 있었다. 물론 메시가 축구공만 가지고 놀았던 것은 아닐 것이다.

호르헤는 "축구만이 메시의 유일한 친구는 아니었다. 자전거도 타고 이웃 친구들과 플레이스테이션 게임도 했다. TV도 봤다"고 말했다. 그러나 메시는 "내가 기억하는 시점에는 언제나 공과 함께였다"는 말로 그저 축구뿐이었다고 말한다. 자전거를 탈 때도 공을 휴대했고, 플레이스테이션으로는 축구 게임을 했으며, TV로 축구 경기를 봤다.

친구들은 "메시는 오직 축구만 좋아했다"고 기억한다. 메시의 맞은 편 집에 살았던 키로가 씨는 "아이들이 축구를 좋아해도 하루 종일 공을 가지고 놀지는 않는다. 그런데 메시는 온 종일 그러더라. 아이들이 모두 떠나고 난 뒤에도 문 앞에서 공을 가지고 놀았다. 우리 어머니가 여러 번 야단을 치셨다. 공을 갖고 놀기에 늦은 시간이니 집으로 들어가라고 했는데도 계속해서 공을 찼다"고 말했다.

메시는 3살 때 처음 공을 찼고, 4살부터 형들 사이에 섞여 축구를 했다. 그리고 아버지 호르헤는 이미 그때부터 메시가 공을 차는 모습이 비범하다는 것을 느꼈다.

작은 메시의 번개 같은 돌파를 보고 형 로드리고가 '벼룩(La

다른 아이들과 다르다는 것을 알아차렸다. 겨우 4살에 공으로 잔기술을 부릴 수 있었고, 원하는 곳으로 공을 보낼 수 있었다. 믿을 수 없었다. 조금 더 나이가 들고 나서는 6~7살 더 많은 아이들과 섞여서 뛰는 데도 마치 춤을 추는 것처럼 그 사이를 돌파했다.

Pulga)'이라는 별명을 붙여줬다.

메시는 초등학생이 되기도 전인 만 5세의 나이에 로사리오 지역의 '베이비 풋볼리그'에 참가했다. 7인제 축구로 당시 만 5세부터 만 12세 사이의 연령대 아이들이 경쟁하는 대회였다. 메시가 할머니와 함께 형들이 공을 차는 모습을 보기 위해 놀러가던 그란돌리 클럽에서 주관한 대회다. 1980년 2월에 창설된 대회로 이 대회의 등장을 통해 아르헨티나의 유망주들은 더 어린 나이에 경쟁적인 경기를 경험할 수 있게 되었다. 참가 인원은 제한적이었고, 요건도 까다로웠다. 아직 너무 어린 꼬마 아이들이었기에 부상의 위험이 컸다. 일정 수준 이상의 실력을 인정받지 못하면 뛸 수 없었다. 많은 부모들이 이 대회에 자신의 아이를 출전시켜 제2의 마라도나로 키우고자 했다.

만 5세의 메시에겐 자연히 참가권이 주어졌다. 메시가 참가 가능한 가장 어린 나이로 축구팀에 속할 수 있었던 일화는 이미 유명하다. 보통 6~7세부터 12세 사이의 아이들이 축구를 배우던 그란돌리 클럽은 메시의 형들이 뛰던 팀이었다. 메시는 할머니 셀리아와 함께 구경 삼아 그란돌리 클럽 운동장을 방문하곤 했는데, 어느 날 1986년생 팀에서 7인제 축구를 하던 도중 선수 한 명이 모자란 상황이 발생했다. 당시 4년째 1986년생 팀을 지휘하던 지도자 살바도르 리카르도 아파리시오는 운동장 주변에서 구경하던 아이들 중에 대체 선수를 물색하고 있었는데, 메시의 할머니 셀리아가 자신의 손자를 강하게 추천했다. 메시는 홀로 벽에다 공을 차며 형들을 기다리던 중이었다. 아파리시오는 "그 아이는 너무 작아서 다칠 것 같다"며 만류했으나 할머니는 거듭 "뛰게 해보라"고 종용했다. 마지못해 이를 허락한 아파리시오는 "아이가 울거나 조금이라도 다치면 곧바로 뺄 것"이라는 단서를 달았다.

그라운드에 들어선 메시는 처음 공을 터치하는 순간 비범한 모습을 선보였다. 자신이 즐겨 쓰는 왼발 대신 오른발로 공이 전해져 오자 공을 터치하지 않은 채 흘리며 한 명의 수비수를 제쳐내며 범상치 않은 움직임을 보였다. 이때부터 아파리시오는 메시를 주의 깊게 보기 시작했다고 전했다. 다시 메시는 자신이 주로 쓰는 왼발로 전해진 패스를 안정적으로 잡아냈다. 사실 패스보다는 슈팅에 가깝게 투박하게 전달된 볼이었으나 깔끔하게 트래핑한 뒤 세밀한 볼 터치를 구사하며 전진했다. 그라운드 위에 있는 모든 아이들을 제치기까지 메시는 아파리시오의 패스 지시를 무시하고 골문으로 돌진했다. 계속해서 패스하라는 지시를 듣지 않는 메시에게 아파리시오는 "그냥 공을 차!"라고 소리쳤으나 메시는 계속해서 공을 몰았고, 누구도 메시의 공을 빼앗지 못했다. 아파리시오는 "그때 메시는 평생 축구를 해온 사람처럼 플레이했다"고 회고했다. 메시는 기억하지 못하지만, 할머니는 메시가 2골을 성공시켰다고 전했다.

그날 이후 누구도 메시가 작거나 어리다는 이유로 그라운드에서 나오게 하지 못했다. 메시는 자신보다 한 살 많은 1986년생 그란돌리 팀에 정식으로 입단했고, 팀을 베이비 풋볼리그에서 우승시켰다. 메시는 겨우 5살이었고, 이후 만 14세로 무려 9살이나 나이가 많은 선수들과의 경기에서도 변함없는 활약을 펼쳤다. 메시는 2년 뒤 만 7세의 나이에 1994년 3월 21일 로사리오 지역 최고의 팀 뉴웰스로 이적했고, 셀 수 없이 많은 골을 넣으며 팀의 연전연승을 이끌었다. 그리고 2000년 9월에 만 12세의 나이로 스페인 바르셀로나로 향했다. 바르셀로나에 도당했을 때 메시는 이미 테니스공으로 최다 140회의 트래핑, 오렌지로 최다 113회의 트래핑을 성공시킬 정도로 완벽한 기술을 갖춘 상태였다. 탁구공으로도 신기의 트래핑을 선보였다. 프로 선수들도 몇 개 하기 어려운 트래핑이다. 기술적으로 메시는 더 이상 배울 것이 없었고, 테스트를 위해 바르사 유소년 팀의 그라운드에 선 첫 경기에서 모든 선수들을 드리블 돌파로 제치며 특별한 모습을 보였다.

메시는 2014년 겨울 일본의 한 텔레비전 방송이 바르셀로나로 방문해 촬영한 예능 프로그램에서 자신이 보유한 신기록 리스트를 늘렸다. 해당 프로그램이 준비한 미션은 최대한 공을 높이 차올린 뒤 트래핑을 이어가는 것. 메시는 시작 후 종전 최고 기록인 13미터를 넘겨 15미터와 18미터 높이까지 공을 차올린 뒤 받아내어 트래핑을 이어갔다. 처음에는 8미터 높이에 도전해 어렵게 공을 받아냈지만, 시도를 거듭할수록 발 안쪽과 종아리 등 가장 효과적으로 공을 받아낼 수 있는 방법을 찾아냈다. 생애 한 번도 시도해보지 못한 도전이었지만 메시가 빠르게 적응할 수 있었던 것은 이미 공을 어떻게 다뤄야 하는지를 온몸의 감각이 알고 있었기 때문이다. 결국 유아기에 익힌 기술이 성인에 이르기까지 영향을 미친 것이다. 그때 완성시킨 기술로 축구 역사상 최고의 선수라는 위치에 올랐다. 메시는 만 3세에 공을 차기 시작해 이미 만 12세의 나이에 기술적으로 완성되었다.

04

성장 호르몬 결핍증

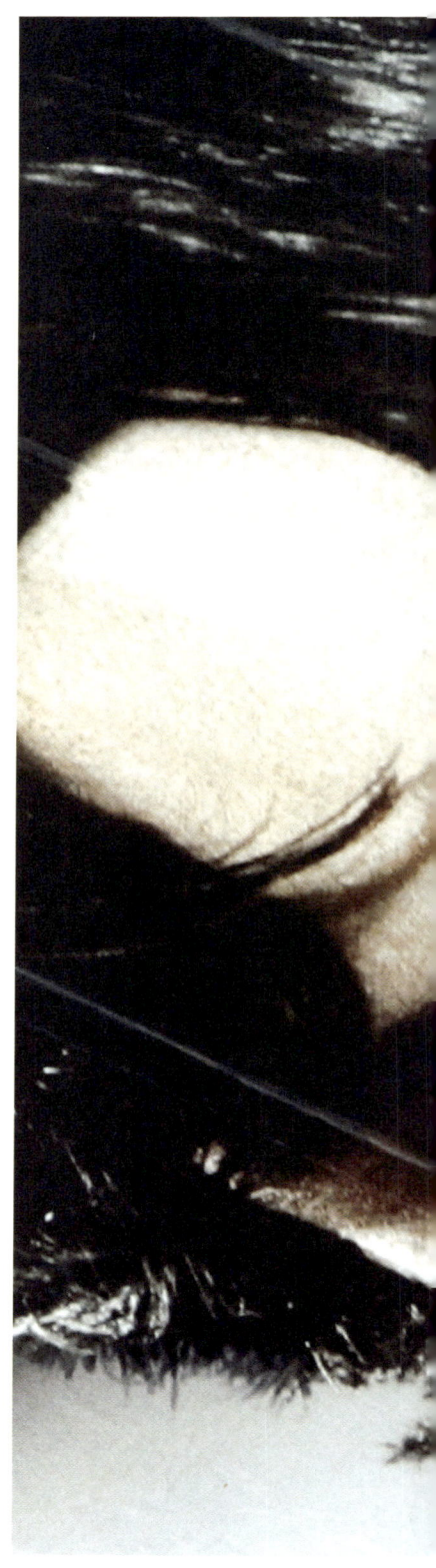

단점이나 흠이 없는 사람은 없다. 모든 사람이 콤플렉스를 가지고 살아간다. 우리는 교육과 노력을 통해 모자란 부분을 채워가며 성장한다. 하지만, 생각을 달리 해볼 필요가 있다. 단순히 단점을 없애는 것이 아니라, 단점을 강점으로 승화시키는 지혜야말로 우리가 자기 자신의 개성을 잃지 않으면서 발전할 수 있는 최선의 길이라고 할 수 있을 것이다. 리오넬 메시는 어린 시절 소아 성장 호르몬 결핍증을 앓았던 몸집이 작은 아이였다. 다른 종목에 비해 축구는 꼭 키가 커야만 잘할 수 있는 스포츠가 아니지만, 일정 수준 이상의 키를 갖추지 않으면 몸싸움을 피할 수 없는 축구에서는 불리할 수밖에 없다.

메시는 호르몬 주사라는 의학적 치료를 통해 '왜소한 체구'가 주는 어려움을 극복했지만, 작은 몸집이라는 자신의 신체적 특징 덕분에 축구를 익히던 유년기에 기술적으로 더 큰 발전을 이룰 수 있었다. 모든 선수들은 저마다 자신의 신체적 강점과 개성을 활용해 자신의 '필살기'를 만든다. 몸집이 작다는 신체적 특성으로 인한 단점을 보완하는 것뿐 아니라, 자신이 가진 체형의 단점 자체를 강점으로 만들어 전환할 수 있는 방법을 찾는다면, 다른 이들이 갖지 못한 나만의 '필살기'를 갖출 수 있다. 메시가 갖고 있는 세밀한 드리블 능력의 비밀에는, 단점을 강점으로 바꾼 연금술이 숨어 있다.

겨우 세 살에 공을 차는 형제들을 따라 아장아장 걷던 메시는 축구를 시작한

> "
> 난 작았다. 11살이었지만
> 다른 8~9살 아이들 정도의 체구였다.
> 그 나이대에 이미 나보다 큰 아이들도 있었다.
> 경기장에서나 거리에서 친구들과 함께 있으면
> 나만 눈에 띄게 작았다.
> 경기장에 들어가거나, 학교에 가거나,
> 점심시간 식당에서 가장 작은 건 항상 나였다.
> 나머지 아이들과 많이 달랐다.
> 치료가 끝날 때까지 계속 그랬는데,
> 그 뒤로는 정상적으로 클 수 있었다.

이래 항상 자신보다 몸집이 큰 이들 속에서 뛰었다. 유년기 메시의 가장 중요한 일과는 일요일마다 할머니 셀리아(메시의 할머니와 어머니는 이름이 같다)의 집에 모여 형제, 사촌들과 축구를 하는 것이었다. 집 앞에 위치한 좁은 콘크리트 도로에서 형 로드리고와 마티아스 사이에 끼어 '론도'라는 공 빼앗기 게임을 하곤 했다. 론도(Rondo)는 스페인어로 '돌리다'라는 뜻이다. 아이들은 축구 경기를 하기에는 수가 적었으므로 시합 대신 공을 지키고 빼앗는 놀이나 족구를 하며 놀았다. 이 과정에서 공을 다루는 감각과 순발력은 자연스럽게 발달했다. 흥미를 느낀 사촌 막시와 에마누엘이 합류했고, 나중에 태어난 브루노까지 합세했을 때는 수가 꽤 많았다. 아이들은 돌덩이 두 개로 골 포스트를 만들어 6골을 먼저 넣는 내기를 하며 본격적인 축구로 발전했다.

6골 넣기 게임은 매주 진행되었고, 일단 한번 시작하면 거의 4시간 가까이 멈추지 않았다. 그보다 오랜 시간 동안 6골이 나지 않아 아이들이 열중한 날들도 있었다. 그러다가 할머니 셀리아와 모친 셀리아, 숙모 마르셀라가 만들어준 파스타를 먹고 다시 원기를 보충하고 축구에 매진했다. 다시 축구를 하러 가야 했기 때문에 파스타를 먹어 치우는 속도도 아주 빨랐다. 먹는 중에도 아이들은 서로 공을 놓지 않았다. 거실에서 아이들이 축구를 하는 모습을 지켜보는 조부 안토니오와 삼촌 클라우디오, 부친 호르헤 모두 열심히 공을 차는 아이들을 나무라지 않고 흐뭇하게 바라보았다. 할머니 역시 아이들에게 하지 말라는 이야기를 거의 하지 않는 교육 방침을 갖고 있었기에 아이들이 몇 시간이고 축구를 해도 말리는 법이 없었다. 다만 식사 전에 반드시 손을 닦아야 한다는 한 가지 원칙만 꼭 지키도록 했다. 할머니의 집은 많은 아이들이 모여서 놀기에 충분히 넓지는 않았다. 하지만 편안하고 아늑했으며, 즐거운 공간이었다. 아이들은 늘 할머니 집에 가는 날을 손꼽아 기다릴 정도로 축구를 즐겼다. 매주 사촌 아이들이 모이는 할머니의 집은 어쩌면 작은 축구 교실과 같았다.

당시만 하더라도 몸집이 작은 메시가 드리블 기술이 좋았던 에마누엘의 공을 빼앗는 데 쩔쩔맸다. 어린 사촌들 사이에서도 메시는 몸이 작아 고군분투했다. 모두 아이들이었지만 경기를 함께 한 이들의 출생연도를 살펴보면 메시에겐 불리할 수밖에 없었다. 큰 형 로드리고는 1980년생으로 메시보다 7살이나 많았고, 마티아스는 1982년생, 막시가 1984년생으로 메시보다 최소한 3살 이상

많다. 에마누엘은 1988년생이었으나 메시보다 체구가 컸다. 아이들 사이의 경기였고, 나이 차이가 적지 않았음에도 진지하고 격렬하게 경쟁이 벌어져 부친 호르헤가 수시로 마티아스나 로드리고에게 조심하라고 소리를 쳐야 했다. 에마누엘이 골키퍼를 보면서 치열한 상황을 피했던 것과 달리 메시는 형들과의 경쟁을 그대로 들이받았기 때문이다. 어른들이 모두 거실에서 이야기를 나누며 시간을 보내다가도 아이들이 공을 차는 모습에 눈을 떼지 못한 이유다.

형들과 경기를 하면서 또래 다른 아이들보다 빠른 발전을 보인 메시는 동네 축구 시합에서도 늘 큰 아이들을 상대했다. 친척 간의 일요일 축구 시합은 메시의 형들이 10대로 접어든 후 곧 이웃 아이들과의 시합으로 확장되었다. 무대는 메시 할머니 집 앞의 공터였다. 마티아스는 "처음에는 메시가 너무 작다는 이유로 우리와 경기하기를 꺼리는 아이들이 많았다. 에마누엘도 작았다. 하지만 경기가 끝나고 나면 우리의 승리를 축하하며 떠났다"고 말했다. 이때 메시의 나이는 9세였는데, 상대 팀에 17~18세로 성인에 가까운 나이의 소년들이 함께 시합을 하면서도 메시의 드리블을 막지 못했다고 전해진다.

메시는 작은 체구에도 불구하고 성인용 시합구인 5호 사이즈 축구공을 일찍부터 발에 익혔다. 마티아스는 "아이가 차기엔 큰 공이었지만 원하는 곳으로 찰 수 있었고, 완벽하게 컨트롤했다"고 말했다. 공의 직경이 메시의 짧은 정강이 전체에 이를 정도로 컸지만, 메시의 왼발은 큰 공을 완벽하게 다뤘다. 짧은 다리로 최대한 공이 발에서 멀리 떨어지지 않도록 잔기술을 구사했다. 꼬마 메시의 컨트롤에 대해 마티아스는 "아름다운 컨트롤이었다. 누구든 한번 보면 다시 가서 자세히 보게 된다"고 설명했다. 메시 전기를 쓴 발라게는 당시 메시에 대해 "몸의 균형이 뛰어났고, 작은 키 덕분에 공을 컨트롤하면서 속도를 내는 것이 더 수월했다. 이런 면에서 나이가 많은 아이들에게 도전했을 때 강점을 보였다"고 평가했다. 오히려 체구가 작고, 다리가 짧았기 때문에 낮은 무게 중심을 통해 몸집이 큰 아이들의 허점을 노려 빈 공간으로 날렵하게 빠져드는 것이 용이했다. 메시 특유의 드리블 스타일이 구축된 것은 그의 약점인 줄 알았던 왜소한 체구와 작은 키, 짧은 다리 덕분이다.

메시는 기자와 가진 인터뷰에서도 자신의 드리블 기술에 대한 비밀을 묻자 "공을 드리블할 때 최대한 발에서 멀리 떨어지지 않도록 집중하고, 상대를 일대일로 대적할 수 있는

상황을 만들려고 한다"고 말했다. 몸집이 작아 힘 대결에서 이기기 어려웠던 메시는 상대의 견제를 피하기 위해 최대한 섬세한 터치를 해야 했고, 여러 명에 둘러싸인 상황을 이겨내기 어려웠기에 본능적으로 상대가 없는 쪽을 파악하고 이동하는 눈치를 터득했다. 기술력과 판단력 양면에서 어린 나이에 생존법을 익힌 것이다.

메시의 인생은 핸디캡과의 싸움이었다. 프로 선수가 된 메시는 일반 성인 남성을 기준으로 한다면 생활의 장애가 되는 수준으로 작다고는 할 수 없는 169cm의 신장을 갖고 있다. 하지만, 유년기 메시는 성장 호르몬 결핍증 때문이 기대 신장이 훨씬 더 작았다. 메시는 유년기에 자신이 유독 작았던 것을 잊지 않는다.

작은 체구가 기술력 증진에 도움이 된 것은 사실이지만, 스포츠 과학의 발전과 더불어, 갈수록 체력, 지구력 및 근력 싸움이 심화되는 현대 축구에서 살아남기 위해서는 최소한의 신체 조건은 충족해야 한다. 메시가 종종 헤딩으로도 멋진 골을 넣을 수 있는 것은 그의 탁월한 위치 선정과 축구 지능 때문이지만, 169cm까지 자라지 못했다면 메시가 세계 최고의 자리에 도달하는 과정은 더 힘겨웠을 수 있다. 호르몬 치료는 메시가 작은 체구라는 핸디캡을 기술적으로 극복한 것뿐 아니라 물리적으로도 극복할 수 있도록 도움을 주었다. 혼자 힘으로 모든 장애를 극복할 수는 없다.

1997년 1월 31일, 만 9세 6개월이 된 메시는 또래 아이들보다 더딘 성장 때문에 병원을 찾아 검사를 받았다. 127cm에 불과했던 메시의 키가 단순히 다른 아이들보다 성장이 늦은 것인지, 아니면 실제로 성장 호르몬에 문제가 있기 때문인지를 확인하기 위해서였다. 6개월 뒤에 나온 검사 결과는 부정적이었다. 성장 호르몬이 전혀 생성되지 않고 있었던 것이다. 메시는 곧바로 치료에 들어갔고, 하루에 한 번씩 피하주사를 맞아야 했다. 일년에 한 번을 맞아도 자지러지게 우는 아이들이 많다. 담당의 디에고 슈와르츠스타인 박사와 면담에서 "축구 선수가 되고 싶다"는 이야기를 수 차례 했던 메시는 자신의 꿈을 위해 기꺼이 주사를 맞았다. 스스로 방에서 주사를 놓을 정도로 용감했다. 축구 선수가 되고 싶다는 일념으로 묵묵히 고된 치료를 감내했다.

메시가 직접 허벅지에 놓은 주사는 잉크 주입식 볼펜과 같은 모양이었다. 주사 바늘이 보이지 않는 형태로 아이들이 위화감을 갖지 않도록 제작되었다. 꼭 허벅지에 맞아야 하는 것은 아니었다. 팔을 비롯해 자신이 편한 부위에 놓을 수 있었지만 메시는 다리에 놓는 편을 선호했다. 통증은 모기에 물리는 정도의 따끔한 정도였는데, 아이에 따라 쉽게 진행하는 편도 있었지만 그렇지 못한 아이들도 적지 않았다. 메시의 경우는 확고한 목표 의식을 갖고 있었기에 전자에 속했다. "주사기를 늘 가지고 다녔고, 쓰고 나면 냉장고 같은 박스에 넣어서 보관했다. 친구집에 가도 빼놓지 않았다. 매일 밤 대퇴부 근육에 찔러 넣었는데, 하루씩 다리를 바꿔가며 주사를 놓았다." 어린 메시에겐 통증의 강도와 관계없이 정신적으로 매우 힘든 시간이었을 것이다.

메시는 슈와르츠슈타인 박사에게 "제 키가 더 클 수 있을까요?"라고 물었던 적이 있다. 슈와르츠슈타인 박사는 "마라도나보다 더 클 거야. 마라도나보다 더 위대한 선수가 될지는 모르겠지만 키는 확실히 더 클 수 있을 거야"라고 농담을 섞어 답해주었다. 슈와르츠슈타인 박사의 말은 틀리지 않았다. 고통 뒤 열매는 달콤했다. 치료를 시작한 1997년 1월 127cm에 불과했던 메시는 1년 만에 5cm가 커 130cm를 넘어섰고, 만 12세가 되었을 때는 148cm까지 자랐으며, 성인이 된 후에는 마라도나(167cm)보다 더 큰 169cm까지 자랐다.

메시는 드리블을 할 때 몸의 중심에서 공을 70cm 이상 떨어트리지 않는다. 항상 공의 방향을 바꿀 수 있는 거리에 두고 통제하고 있다. 상대 수비수가 공을 빼앗기 위한 움직임을 취하는 순간 곧바로 방향을 바꿔 대응할 수 있는 상황에서 전진한다. 이런 컨트롤이 가능한 것은 고작 0.2초 사이에 두 차례나 공을 터치할 수 있을 정도로 빠른 발놀림을 할 수 있기 때문이다. 발놀림 자체도 놀랍지만 그런 움직임을 최고 속도로 달리면서 시도할 수 있는 것은, 몸 전체의 균형, 스포츠에서 이야기하는 코디네이션이 뛰어나기 때문이다. 메시가 무시무시한 속력을 유지하면서도 공을 섬세하게 다룰 수 있는 것은 균형 감각이 좋기 때문인데, 키가 크지 않아 무게중심이 낮기 때문에 어려서부터 중심을 잡고 빠르게 방향전환을 하는 동작을 능숙하게 구사하며 익혔다. 메시는 빠르게 달리다가 수비수를 마주하면 양 손을 뒤로 크게 젖히며 급브레이크를 밟을 때 몸이 휘청거리지 않도록 중심을 잡고, 수비수가 함께 멈추면 다시 앞으로 몸을 숙이며 속도를 내서 치고 들어가는데, 이러한 빠른 전환 동작 역시 체구가 작기 때문에 더 유리한 것이다.

메시와 더불어 세계 최고의 선수 자리를 두고 경쟁했던

포르투갈 공격수 크리스티아누 호날두의 경우 다리가 길어 공을 치고 달릴 때 속력을 내는 것이 공을 단거리로 치고 달릴 때보다 더 빠르고, 치고 달리다가 수비수가 달려 들어도 근육량이 많기 때문에 힘으로 밀어붙여 공을 지배할 수 있다. 이러한 강점이 있기 때문에 메시처럼 짧은 볼 터치에 집착할 필요가 없다. 신체적 특성을 살린 역습 공격 상황에선 호날두의 경우가 더 효과적인 경우도 있다. 호날두 역시 어린 시절에는 왜소한 체구에 키가 작아 '작은 벌'이라는 별명으로 불렸는데, 그렇기 때문에 훗날 탁월한 신체조건에도 드리블 기술이 우수한 선수가 될 수 있었다. 키가 크고 체구가 좋아지면서 스타일이 바뀌었다. 호날두는 드리블 시 공을 1미터 이상 치고 나가기도 한다. 다만 이로 인해 상대의 집중 견제로 극소의 공간에서 드리블을 해야 하는 상황이 오면 때로는 통제력을 잃는 경우가 있다. 메시는 성인이 된 후에도 평균 이하의 체구에 불과해 어린 시절의 스타일을 꾸준히 이어가 드리블 분야에서 역대급 선수가 될 수 있었다. 반면 호날두는 신체 조건의 발달에 따라 헤딩, 슈팅, 스프린트 등 운동 능력을 더 강화해 다른 무기를 만들었다. 유망주 시기에 나란히 테크니션으로 주목받았지만, 성인이 된 후 스타일이 많이 달라진 이유다.

어린 나이에는 오히려 체구가 작은 편이 신체 조건에 의지하지 않고 기술 자체에 집중할 수 있는 배경이 될 수 있다. 또래 아이보다 클 경우 힘과 스피드로 수비를 제칠 수 있지만, 나이가 들어 상대 수비수들의 신체 조건 역시 발달하는데, 정작 자신의 신체 조건은 그에 맞춰 더 강화되지 못한다면 도태될 수 있다. 실제로 유소년 선수로 두각을 나타내다 성인이 되어 프로로 성공하지 못한 경우는 어린 나이에 피지컬을 강조하는 스타일의 선수인 사례가 많다. 메시 스스로도 "나머지 아이들보다 작다는 것은 더 빠르고 더 날렵하다는 것을 뜻한다. 그 점이 내가 축구를 할 때는 더 도움이 되었다"고 인터뷰에서 밝힌 바 있다. 성인이 된 메시는 더 이상 공을 어떻게 하면 짧게 치면서 드리블 할 수 있는지, 어디로 가야 상대 견제를 최대한 피할 수 있는지 머리로 계산하고 생각하지 않아도 본능적으로 실행할 수 있는 능력을 갖췄다. 자동적으로 수행된다. 아주 어린 나이에 가졌던 핸디캡이 준 선물이다.

이 경험을 통해서 배운 것은 처음에는 나쁘고 안 좋은 일로
받아들여지지만 그것이 아주 긍정적인 일로 바뀔 수 있다는 점이다.
대단한 일을 해냈고, 그러기 위해 많은 훈련과 노력이 필요하다는 것을
배웠다.

축구 선수들이 남긴 많은 명언들 중에서 메시의 다음 한 마디 역시 늘 빠지지 않고 회자된다.

모든 단점은 장점이 될 수 있다.

BARCELONA

메시를 만든 도시

흔히 스포츠의 세계에서 팀보다 위대한 선수는 없다고 얘기한다.
하지만, 만약 팀만큼 위대한 선수를 단 한 명 꼽을 수 있다고 한다면, 그 누구라도 FC바르셀로나의 메시를 떠올릴 것이다.
메시를 최고의 선수로 만든 것은 바르셀로나였지만, 바르셀로나를 최고의 클럽으로 만든 것은 메시였다.
한마디로 메시가 곧 바르셀로나였고, 바르셀로나가 곧 메시였다.

> "
> 혼자 뛸 수 있는 선수는 아무도 없다.
> 함께 뛸 수 있는 동료가 필요하다.
> 우리는 하나다.
> 우리는 구단의 역사적 전통을 계승하는 축구를 할 것이다.
> 공을 잡았으면 상대팀에 뺏겨선 안 된다.
> 만약 공을 빼앗겼다면 다시 가서 찾아오는 것,
> 그것이 바르셀로나의 스타일이다.
>
> 주제프 '펩' 과르디올라 전 FC바르셀로나·현 맨체스터시티 감독

01

라마시아에서
메시가 배운 것

아르헨티나 명문 축구 클럽 뉴웰스올드보이스의 유소년 팀에서 주목을 받으며 성장하던 메시가 스페인 바르셀로나로 건너간 이유는 성장 호르몬 결핍증 치료비 문제 때문이다. 메시의 부친 호르헤의 당시 월급은 1,600 페소였다. 월 치료비로 나가는 돈이 900 페소(한화 약 150만원 상당)로 소득의 절반을 넘는 액수였다. 치료 초기 2년 동안은 문제가 없었다. 호르헤가 다니던 기업 아신다르는 지자체가 소유한 공기업으로, 사내 사회보장서비스를 통해 치료비를 충당할 수 있었. 3년째가 되면서 상황이 달라졌다. 2000년 아르헨티나는 디폴트를 선언할 정도로 극심한 경제 위기를 겪었다. 호르헤가 재직 중인 아신다르도 정부의 복지 서비스가 무너지면서 치료비 지원을 유지할 수 없는 상황이 됐다.

호르헤는 뉴웰스 구단 측에 성장 호르몬 결핍증 치료비를 지원해줄 수 있는지 문의했다. 축구클럽 역시 재정이 좋지 않은 상황이었기 때문에 장기 투자가 필요한데다, 성공이 보장된다고 할 수 없는 어린 나이의 선수에게 만만치 않은 고정 비용을 지출하는 것을 결정하는 것은 쉽지 않은 일이었다. 망설이는 구단을 설득한 것은 메시를 직접 가르치고 있던 유소년 지도자들이었다. 적극적인 설득에 뉴웰스는 메시의 치료비를 지원하기로 결정하고 답을 주었다. 그러나 막상 약속한 기일에 입금이 되지 않았다. 호르헤는 몇 번이나 구단을 찾아가 돈이 들어오지 않았다고 재차 요청을 해야 했다. 호르헤는 결국 메시에게 관심을 보이던 다른 축구 클럽을 찾아가기로 결심했다. 성장 호르몬 치료비 지원이라는 조건을 걸고

47

협상을 시작했다.

메시는 아르헨티나 최고 명문 클럽 중 하나인 리버플레이트의 유소년 입단 테스트에 참가했고, 단 두 번의 터치 만으로 이미 리버플레이트 관계자들의 마음을 사로잡았다. 자신보다 훨씬 더 큰 덩치의 수비수들을 농락했다. 계약 과정에 이르러서는 난관이 있었다. 1차 테스트 뒤에는 뉴웰스에 이적료를 지불해야 한다는 사실에 난색을 표했다. 2차 테스트에서 메시는 10골을 몰아치며 자신이 속한 팀의 15 대 0 승리를 이끌었다. 리버플레이트의 유소년 지도자들도 입을 모아 새로운 마라도나와 계약을 종용했다. 그러나 리버플레이트는 이미 자체적으로 보유한 유망주도 많이 있었고, 메시의 체구가 너무 작다는 점에 끝내 고비용 투자를 마다했다. 리버플레이트는 그렇게 아르헨티나 축구 불멸의 스타를 영영 놓치게 되었다.

메시 부자에겐 상처가 된 일이었지만, 결국 전화위복이 되었다. 우선 메시가 리버플레이트의 테스트를 받은 것을 알게 된 뉴웰스 측이 400페소의 치료비를 바로 입금했다. 그러나 월 고정 치료비의 절반도 되지 않는 액수였다. 더 좋은 일은 그 뒤에 벌어졌다. 리버플레이트에서 진행한 입단 테스트를 본 에이전트들이 많았다. 그렇지 않아도 월급까지 삭감되고 있는 상황에 호르헤는 이탈리아 이민을 고민하고 있었는데, FC바르셀로나와 밀접한 관계를 맺고 있는 에이전트 주제프 마리아 밍겔라가 연락을 취해온 것이다. 카탈루냐 출신인 밍겔라는 과거 마라도나의 바르사 입단을 성사시킨 인물로 바르사 수뇌부와 좋은 관계를 유지하고 있었다. 밍겔라는 메시의 재능을 단번에 알아보고 메시가 바르셀로나로 건너가 테스트를 받는 비용 전부를 지원하겠다고 나섰.

밍겔라의 투자는 틀리지 않았다. 2000년 10월, 바르셀로나 유소년팀 훈련장에서 메시는 첫 번째 테스트 경기에서 코치의 패스하라는 지시 대신 부친의 돌파하라는 지시를 따라 모든 선수들을 드리블로 따돌리며 탁월한 기술을 과시했다. 15일간 머물며 여러 차례 경이로운 드리블을 보여준 메시는 당시 바르사 단장이었던 찰리 렉사흐의 마음을 사로잡았다. 메시는 아르헨티나로 돌아가야 했고, 공식적인 계약을 맺기 위해서는 내부적 논의가 필요한 상황이었다. 렉사흐는 모든 문제를 처리한 뒤 다시 부르겠다고 약속했다.

메시의 능력에 대해선 의심이 여지가 없었다. 렉사흐 뿐 아니라 유소년 아카데미 디렉터 조아킴 리페와 유스 시스템 디렉터 조안 라쿠에바도 메시 영입을 찬성했다. 문제는 선거를 통해 당선이 결정되는 소시오 제도로 운영되는 바르사의 구조에 있었다. 당시 바르사 1군팀은 고전을 면치 못하고 있었고, 아직 만 13세의 소년을 영입하고 투자하는 것이 현 회장의 재임기 내에 이뤄질 수 없는 일이었기에 반대하는 이사진이 적지 않았다. 아르헨티나 국적의 메시를 영입해 키우기 위해서는 메시의 부모의 직업을 구해주고, 이들의 거주지도 바르셀로나에 마련해줘야 했다. 게다가 성장 호르몬 결핍증 치료비도 지원해야 했다. 문제는 이뿐만이 아니었다.

BARCELONA

메시의 바르사 입단 테스트를 지켜본 레알마드리드, 아틀레티코마드리드, AC밀란 같은 대형 클럽들이 영입 경쟁에 뛰어들었다. 특히 당시 1군팀에서 루이스 피구를 데려가며 엘클라시코의 분위기를 더 뜨겁게 만들었던 레알은 메시를 적극적으로 원했다. 레알의 단장은 아르헨티나 출신 호르헤 발다노였고, 발다노는 이미 아르헨티나 내에서도 명성이 자자했던 메시에 대해 잘 알고 있었다.

바르사 유소년 팀의 당시 연간 예산은 약 1,300만 유로였는데, 메시 영입이 이뤄질 경우 예산 범위를 초과하게 되는 상황이었다. 메시 부자는 테스트 이후 두 달 가까이 공식적인 연락이 없자 초조해졌다. 2000년 12월 14일 계약을 위해 다시 바르셀로나를 방문했을 때도 계약이 이뤄지지 않았다. 호르헤는 당장 사인이 이뤄지지 않는다면 다른 팀을 택할 수밖에 없다는 입장을 전했다. 이에 바르사 단장 렉사흐가 그 유명한 '냅킨 계약서'를 내밀었다. 메시 측의 모든 조건을 수용하고, 바르사 유소년 팀 계약을 전적으로 책임지겠다고 서명한 것이다.

메시 부자가 아르헨티나로 돌아간 뒤 렉사흐는 자신을 지지하는 이사들과 함께 조안 가스파르트 회장을 설득했다. 가스파르트 회장은 "메시에 대한 평가가 과장된 것은 아닌가"라며 신중한 모습을 보였다. 렉사흐는 단호했다. "메시와의 계약은 바르사의 미래에 회장님의 이름을 새기는 일이 될 것입니다." 렉사흐는 가스파르트 회장이 가장 신임하는 이사 중 한 명이었고, 그는 거의 맹목적인 주장으로 계약을 결정케 했다. 2001년 1월 8일, 바르사 측이 메시 측에 세부 계약 조건을 결정했고, 15일 공식 레터를 발송했으며, 2월 15일 메시 부자가 바르셀로나로 건너와 3월 1일 계약서에 사인했다.

바르사는 계약을 위한 메시의 아르헨티나-스페인 이동 비용을 모두 지급했고, 메시 가족이 정착할 집과 메시의 부친 호르헤의 직업을 구해주었다. FIFA의 유소년 이적 규정에 따라 보호자 역시 스페인 바르셀로나 현지에서 직업을 가져야 했다. 호르헤는 바르사 클럽 소유 경비 업체 바르나 포터스에 취직해 연봉 4만 2000 유로를 받게 됐다. 또한 성장 호르몬 결핍증 치료비 지원 역시 모두 계약서에 포함되었다. 메시 가족의 집은 바르사 홈 경기장 캄노우(Camp Nou)에서 걸어서 15분 정도인 그란비아 카를라스 3세 거리에 위치한 고급 아파트였다. 바르셀로나 내에서도 부유층 거주지로 유명한 곳으로, 침실 4개, 화장실 2개에 주방과 발코니가 있는 아파트는 나무가 많고 건물 내 수영장까지 딸린 고급 중의 고급이었다. 만 13세의 소년에겐 유례없는 특급 대우였다. 뉴웰스 유소년 지도자들은 메시가 바르셀로나로 떠나자 그를 반드시 잡아야 했다고 이사진에 항의했다. 이사진은 당시 만 16세의 나이로 1군 데뷔전을 치른 구스타보 로다스가 있으니 상관없다는 반응이었다. 그러나, 이 책을 읽는 독자들이라면 다 알듯이, 로다스는 축구팬들의 기억에 이름을 새기지 못한 채 사라진 선수가 됐다.

MESSI

바르사유소년팀의
메시보고서

1 // 훌륭한 드리블 능력을 갖췄고 공과 함께 달릴 때 아주 빠르다. 무게 중심이 낮아 움직일 때 균형이 좋고, 기술이 뛰어나며 번개 같고 그 나이에 비해 힘이 좋다. 회복력도 좋다. 매 경기 8~10차례 스프린트를 할 수 있고 빈번하게 골을 노린다. 골잡이다. 영리하고 정신적으로도 민첩하다. 때로는 욕심을 부릴 때도 있지만 그의 경우에는 장점으로 작용한다. 그는 단순 명쾌하고 직관적이며 공격 어느 포지션에서나 뛸 수 있는 다재다능한 선수이기 때문이다. 다만 그는 아주 작다. 그러나 호르몬 치료를 통해 더 크고 있다.

2 // 재정적 지원도 충분했지만, 훈련장에서도 메시를 위한 지원은 최고였다. 바르사는 원터치 패스를 통해 플레이를 구축하는 팀인데, 메시가 자유자재로 드리블을 구사하며 경기장을 휘젓는 일을 제어하려 들지 않았다. 물론 메시도 라마시아 안에서 절제와 규율 및 플레이 시스템, 전술적 움직임에 대해 발전했다. 라마시아는 메시의 개성을 해치지 않으면서 편안하게 경기를 할 수 있도록 도왔다. 메시는 14세 이하 유소년 팀인 인판틸A에서 바르사 유스 경력을 시작했는데, 당시 팀에는 1987년생으로 나이가 같은 세스크 파브레가스와 제라르 피케가 있었다. 파브레가스는 메시가 오기 전까지 바르사 유소년 팀 최고의 유망주로 명성이 높았는데, 메시에게서는 단 한 번도 공을 빼앗지 못했고, 급기야 훈련 중 메시에게 돌파를 당한 뒤 다리를 걷어차는 일이 발생했다.

3 // 바르사 유소년 팀은 생존 경쟁이 치열하기로 유명하고, 그래서 훈련 중 거친 장면이 종종 나온다. 인판틸A팀 감독이었던 로돌포 보렐은 또래 아이들보다 체구가 작은 메시가 아주 빠르기 때문에 가볍게 미는 것만으로도 부상을 당할 수 있다며 동료 아이들에게 너무 거친 수비는 하지 않도록 주의를 줘야 했다. 처음 메시와 접한 바르사 유소년 팀의 아이들은 패스가 아닌 드리블에 집중하는 메시를 이기적이라고 생각했지만, 그가 비범한 재능을 지닌 아이라는 것을 깨닫기까지 오랜 시간이 걸리지 않았다. 메시를 위한 플레이를 하는 것에 망설이지 않았다. 당시 팀 동료였던 빅토르 바스케스는 "우리 팀에 메시가 있어서 다행이라는 것을 다들 깨달았다"고 회상했다. 지도자와 동료 모두 '좋은 축구'와 '바른 성장'에 대한 확고한 철학을 공유하고 있었기에 어린 재능이 잘 클 수 있도록 힘을 합쳤다.

02

네 번의 월반

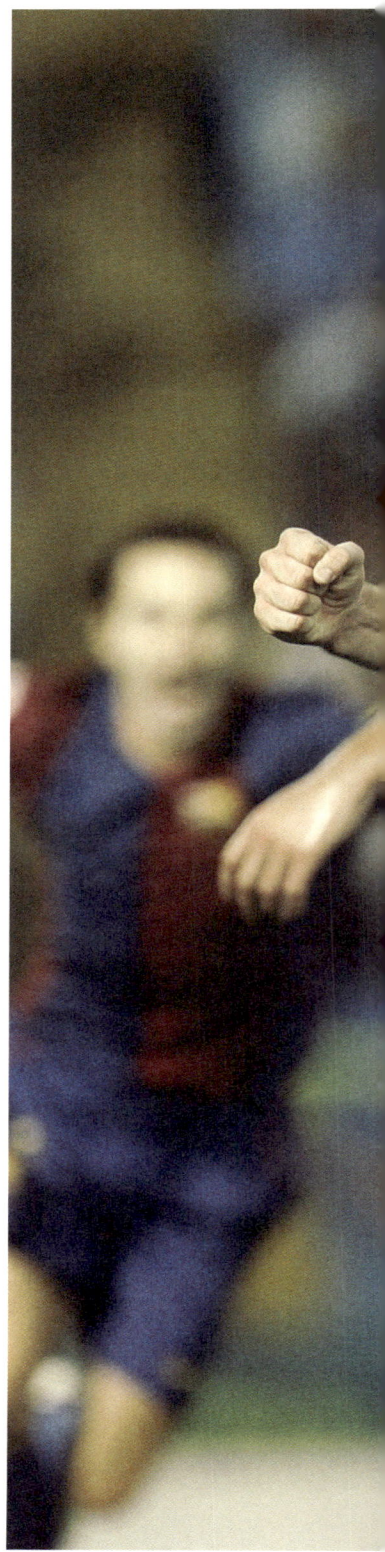

스페인 최고 유망주들이 모인 바르사의 인판틸A팀은 리그 일정을 7경기나 남겨둔 채 조기 우승을 확정하기도 했고, 6골에서 8골에 이르는 대량 득점으로 승리하는 경기가 많았다. 메시의 출전 유무와 관계없이 뛰어난 팀이었다. 이에 보렐 감독은 포르투갈에서 열린 폰티냐 토너먼트에 인판틸A팀을 2살 더 많은 연령 레벨로 출전시키자는 계획을 세웠다. 바르사 구단의 동의 하에 2살 더 많은 팀들과의 시합에 임했고, 메시는 이 친선 대회에 나서 뛰어난 활약을 펼쳤고, 인판틸A팀은 8개 참가 팀 중 3위를 차지했다. 유소년 단계에서는 1년의 차이가 매우 큰데, 2살 정도는 너끈히 커버할 수 있을 정도로 경기력이 탁월했다.
메시는 유년기를 보내며 대부분 자신보다 나이가 많은 선수들 사이에서 활동했는데, 유일하게 더 어린 선수들과 시간을 보냈던 적이 있다. 그가 스페인 여권을 획득하지 못한데다, 뉴웰스 측의 국제 이적 동의서 발급 지연으로 친선경기와 카탈루냐협회 주관 경기 밖에 나설 수 없는 상황이었다. 인판틸A팀이 치르던 스페인 유소년 리그에 뛰지 못한 메시는 정기적인 실전 경기 경험을 쌓고 훈련 보강을 위해 카탈루냐 리그전을 치르던 한 살 아래 단계인 인판틸B팀에 합류했다. 한 살 더 어린 나이의 선수들 사이에서도 메시는 키가 작은 편이었지만, 기량은 월등하다는 표현이 무색할 정도로 그 차이가 컸다. 한번은 친선경기에서 수비 진영 코너 부근에서 잡은 공을 상대 지역 골문까지 단독 드리블로 치고 들어가 득점을 하기도 했다. 메시는 이런 골을 넣고도 아무렇지 않은 모습을 보였고,

이미 동료들 사이에서 스타가 되었다. 수준은 낮았지만 꾸준하게 경쟁적인 경기를 치르고, 정기적으로 더 많은 양의 훈련을 할 수 있었던 것은 메시의 경기 감각 유지와 발전에 큰 도움이 되었다. 바르사는 이렇듯 선수의 기량 향상을 위해 유연한 결정을 내릴 수 있는 지도자와 관리 체계를 갖춘 팀이었다.

공식 경기 출전이 어려운 상황 속에서 다양한 방식으로 부족한 부분을 채운 메시는 2002년 2월에 국제 이적 문제가 해결되어 모든 공식 경기 출전이 가능해졌다. 2001–02시즌 도중의 일로, 메시는 카데테B팀 소속이었다. 여전히 파브레가스, 피케, 메시가 이끄는 바르사는 유소년 리그의 절대 강자였다. 이듬해 2002–03시즌 바르사 1군 팀은 루이스 판할 감독 체제에서 리그 13위까지 추락하며 최악의 시간을 보내고 있었고, 결국 판할 감독과 더불어 가스파르트 회장까지 물러나야 하는 상황에 봉착해 있었다. 그에 아랑곳 않고 메시가 속한 카데테A팀은 3–0 승리에도 쉽게 만족하지 않는 압도적인 강팀이 되어 있었다.

득점기계가 된 메시는 팀의 최전방 공격수 바스케스(31득점)보다 많은 36골을 몰아쳤는데, 2002–03시즌은 메시가 처음으로 공식 리그를 풀시즌으로 치른 해였다. 당시 메시는 주로 측면 공격수로 기용되었으나, 최전방 공격수 위치에서 가짜 9번 역할을 맡거나 공격형 미드필더로 뛰는 등 여러 지도자 아래 다양한 포지션을 소화했다. 이는 한 선수에게 다양한 포지션을 경험하게 하는 당시 라마시아의 기조에 따른 것이기도 했고, 메시 본인이 다양한 영역에서 영향력을 보이고 싶어했기 때문이기도 하다. 메시가 여러 위치에서 뛸 수 있도록 적극적으로 변화를 유도하고 기회를 준 바르사의 얽매임 없는 육성 방식은 효과적이었다.

2002–03시즌의 바르사 카데테A팀은 아스널 스카우트진의 집중적인 관찰을 받았고, 메시, 피케, 파브레가스가 모두 아스널 관계자와 접촉했다. 이 과정에서 파브레가스가 결국 아스널로 둥지를 옮겼다. 메시는 바르사에 남는 것을 선호했는데, 2003–04시즌 메시는 1년간 무려 4차례나 월반을 하게 된다. 만 16세가 된 메시는 후베닐B팀에서 시작해 후베닐A, 바르사C, 바르사B팀에 이어 바르사 1군팀까지 초고속으로 프로의 영역에 도달했다. 이 시기 바르사는 조안 라포르타 회장 체제로 변혁기를 맞고 있었다. 메시와의 계약은 전임회장 가스파르트의 업적이지만, 라포르타 회장은 메시가 바르사의 장기 성장 동력이라는 것을 잘 알아봤다. 새롭게 유소년 디렉터로 부임한 조안

콜로메르와 바르사B팀 감독 기예르모 오요스가 메시의 특별함을 알아차리기 위해 많은 시간이 필요치 않았다. 메시의 빠른 월반은 바르사 연령별 유소년 팀이 모두 바르사B팀이 홈 경기장으로 사용하는 미니에스타디에서 같은 시간 운동장을 나눠 사용하며 훈련을 했기에 가능했다. 각 연령별 선수들의 상태를 프로 단계인 바르사B팀 감독이 즉각적으로 지켜볼 수 있었다. 산조안데스피로 훈련장을 모두 옮긴 지금도 바르사는 전 연령별 선수들이 서로 마주칠 수 있는 동선으로 설계되어 유소년 선수들이 근거리에서 영웅과도 같은 선배들을 지켜보고, 1군 감독과 B팀 감독도 쉽게 연령별 선수들의 상태를 살필 수 있는 환경이다. 따로 신경을 써서 찾아보지 않아도 눈에 띌 수 있는 물리적 제약이 없는 면은 메시의 빠르고 과감한 월반 과정에

도움이 되었다. 게다가 당시 바르샤는 B팀 외에 C팀도 운영하고 있었다. 바르샤C팀은 1967년 아마추어 단계 팀으로 출발해 1993년에 C팀이라는 공식 명칭을 얻었다. 스페인프로축구리그는 성인 선수로 자리 잡기 전 유소년 단계를 벗어난 뒤 실전 감각 부족으로 어려움을 겪는 선수들의 적응력을 높여주기 위해 프로 2군과 3군이 하부리그에 참가할 수 있도록 하고 있다. 다만 이들이 같은 단계의 리그에 속할 수 없고, 상위 단계 팀보다 높은 단계로 올라갈 수 없다는 단서가 붙어있다. 아주 오래 전, 멀고 먼 옛날에는 2군 팀이 별도로 스페인의 FA컵인 코파델레이 대회까지 나가 레알마드리드 1군과 2군이 결승전에서 격돌하는 사례도 있었는데, 차후 2군 팀은 코파델레이에 나설 수 없게 규정이 바뀌었다. 바르샤B팀은 나이와 관계없는 2군 개념이었지만, 바르샤C팀은 최소한 6명의 23세 이하 선수들이 출전해야 하는 제약을 가져 더 어린 선수들에게 기회를 제공하기 위한 취지의 팀으로 기능했다. 바르샤C팀은 바르샤B팀이 2007년 4부리그까지 강등 당하면서 사라졌다. 바르샤C팀이 더 이상 머물 수 있는 단계가 없었기 때문이다. 메시는 바르샤C팀의 존재 시기에 뛰었기 때문에 경쟁적인 경기에 참가하고, 성인으로 자리를 잡는 과정에서 더 세분화된 단계를 밟으며 적응력을 높일 수 있었다.

메시가 훈련하는 모습은 바르샤B팀 감독 오요스의 마음을 사로잡았다. 어린 메시가 이미 바르샤B팀의 몇몇 선수들을 능가하는 수준이라는 판단을 내리고 유소년 디렉터 콜로메르에게 B팀 조기 승격을 직접 요청한 것이 그다. 당시 바르사 재정 부회장이었던 페란 소리아노도 메시의 월반을 적극적으로 지지한 인물이었다. 소리아노는 "처음 치키 베히리스타인 단장과 메시가 꾸준히 성장할 수 있도록 하려면 어떤 길을 가야 하는가에 대해 논의했다. 메시가 한 경기에 5골을 넣는 경기를 보면서 더 많은 푸시를 해야 할 필요가 있다고 생각했고, 더 큰 아이들 속에 뛰게 하면서 테스트 강도를 높여야 한다고 판단했다"며 월반을 결정한 이유를 밝혔다.

메시는 후베닐A팀으로 올라선 지 두 달 만에 공식 경기를 뛰는 동시에 바르사B팀의 훈련도 함께 소화했다. 더불어 바르사C팀의 경기 출전도 병행했다. 메시는 후베닐A팀에서 11경기 출전에 18골을 넣을 정도로 기량이 압도적이었고, 바르사C팀에서도 독보적이었다. 바르사C팀은 당시 4부리그에 속했는데, 초반 15경기에서 1승밖에 거두지 못할 정도로 저조한 성적을 내고 있었다. 강등권이던 바르사C팀에서 메시는 첫 출전 경기인 에우로파와의 경기에 나서 3-1 승리를 이끌었다. 바르사C팀에서 뛴 리그 10경기에서 5골을 기록했는데, 그라멘테와의 경기에서는 지고 있던 경기를 4분 사이에 2골을 터뜨리며 역전승을 일궈 화제가 되기도 했다. 2003년 11월 9일 그라노예르스와의 경기에서는 해트트릭을 기록했다.

메시의 월반은 메시 자신뿐 아니라 바르사의 각 연령별 팀 선수들에게도 자극제가 되고, 배움의 계기가 되었다. 당시 바르사C팀을 이끌었던 펩 보아다 감독은 "메시가 팀 전체를 더 경쟁적인 분위기로 만들었다. 메시가 공을 잡으면 마치 신의 계시가 내리는 것처럼 아이들을 사로잡았고, 아이들 모두 메시의 스타일과 기술을 흉내 내려 했다. 메시가 많은 경쟁을 유발했고, 그런 점이 팀 전체에 긍정적으로 작용했다"고 회고했다.

메시를 위한 피지컬 프로그램, 장애물 예방과 대비

계속된 월반 과정에서 바르사는 메시의 피지컬인 문제가, 운동 능력이 더욱 더 강조되고 있는 현대 축구에서 약점이 될 수 있다는 것을 신속히 파악할 수 있었다. 만약 메시가 같은 연령대에서 제약 없이 크다가 성인 무대에 갑작스레 부딪혔다면 이에 대비할 시간과 정신적 여유가 적었을 것이다. 늘 쉽게 이겨오던 메시가 받을 좌절감도 더 컸을 수 있다. 메시는 2003-04시즌 바르사B팀에서 뛴 5경기에서는 득점하지 못했다. 특히 바르사B팀 소속으로 뛴 2004년 3월 5일 마타로와의 첫 경기에서는 볼 잘 만져보지도 못할 정도로 피지컬 경쟁에서 어려움을 겪었다. 당시 바르사B팀의 감독 지휘봉을 이어받은 인물은 페레 그라타코스였다. 그라타코스는 메시에게 "좋은 플레이를 하지 못했다고 걱정할 필요 없어. 신경 쓰지마"라고 다독였다. 그리고 확실하게 원칙을 전달했다. "다음 일요일 경기에도 선발로 나설 거야. 그 경기에서 못하더라도 다음 경기에 기회를 줄 거야. 아무 문제없어. 하지만 네 경기째도 그렇다면 1군으로 올라갈 수 없다는 것이 입증되었다고 할 수 있어. 그렇다면 다시 유소년 팀으로 돌아가는 거야" 메시는 그의 얘기를 듣고 불안감에 떨지 않을 수 있었고, 나태해지는 것 역시 경계할 수 있었다. 두 번째 경기에서 기술을 발휘하기 시작했으나 상대 수비가 너무 거칠어서 그라타코스 감독이 보호 차원에서 교체했다. 세 번째 경기에서는 득점은 없었으나 뛰어난 활약을 했다. 여전히 골이 없는 것에 대해 메시가 초조했지만 그라타코스 감독은 메시를 다독이며 충분히 좋은 활약을 했다고 이야기해주었다. 첫 시즌에는 득점이 없었지만 메시는 계속 바르사B팀에 남을 수 있었다. 2003-04시즌 메시는 바르사 내에서 다섯 단계의 다른 팀에서 뛰었다. 월반을 했지만 시즌 말미에는 다시 바르사 후베닐A팀으로 돌아가 마지막 일정을 함께 하며 우승을 이끌었다. 총 50차례 공식 경기에서 35골을 기록했고, 모든 코칭 스태프와 동료들의 사랑을 받았다. 바르사B팀에서의 득점은 2004-05시즌 두 번째 경기엔 지로나전에 기록했다. 메시는 2004-05시즌 바르사B팀 소속으로 총 17경기에 나서서 6골을 넣었다. 메시가 지닌 원천 재능도 대단했지만, 이를 잘 이끌어낸 바르사의 육성 방식의 영향력도 매우 컸다고 할 수 있다.

메시는 15세가 됐을 때 신장 162cm에 체중 55kg으로 성장했고, 바르사 클럽 전용 트레이닝장에서 피지컬 트레이너와 근육 강화 운동을 했다. 크리스마스 휴일 기간과 감기 등 질병에 걸린 시기를 포함하면 총 44회의 훈련 세션 중 12번 정도를 빠졌다. 이 프로그램은 과거 바르사에 입단한 아르헨티나 출신의 작은 공격수 하비에르 사비올라도 했던 프로그램이고, 장신 수비수 피케도 이 프로그램을 통해 몸의 균형을 다졌다. 메시도 이 프로그램을 자청하여 소화했다. 계속된 월반 속에 점점 더 거칠어지는 수비를 이겨내기 위해 파워를 증강하는 것에 대한 필요성을 스스로도 인지했기 때문이다. 이는 단순히 근육을 키우는 웨이트 트레이닝과는 다른 개념의

훈련이었다. 경기 중 몸싸움에서 밀리지 않기 위한 분명한 목적성을 가지고 구성된 프로그램으로, 공과 함께 하는 정상 훈련을 진행한 뒤 별도로 실시된 추가 운동이었다. 주로 스피드와 스태미나에 대한 부분이었는데, 바르사B팀의 오요스 감독은 이 부분에서 메시를 집중적으로 지도했다. 다리 근력과 하반신의 힘을 강화하기 위한 메시의 개인 훈련을 진행했다. 어린 나이의 선수에게 너무 과도한 피지컬 훈련은 성장과 균형에 부정적 영향을 줄 수 있다는 우려의 소리도 있었다. 바르사의 전문가들은 이런 부분에서 외부 인사에게 의견을 구하는 데 주저하지 않았다. 당시 호나우지뉴가 자신의 피지컬 관리를 위해 고용했던 개인 트레이너에게 자문을 구해 메시의 훈련 프로그램에 반영하는 유연성을 보였다. 메시는 웨이트장에서의 훈련은 최소화한 프로그램을 소화하며 2003년 8월부터 2004년 4월 사이 근육량만 3.7kg을 늘리는 데 성공했다.

피지컬 강화를 위한 방법은 '지옥 훈련'이 아닌 균형 있는 훈련이었다. 바르사는 메시에게 별도의 피지컬 훈련을 시키면서 철저한 휴식을 취하도록 관리했다. 이 과정에서 가장 중요한 것이 훈련을 하지 않는 시간에는 '완전한 휴식'을 갖는 것이었다. 메시는 훈련과 점심 식사 후 매일 자신의 집에 돌아가 '시에스타(siesta; 낮잠)'를 취하도록 했다. 다른 놀이나 여가 활동으로 쉬는 시간을 보내는 것이 아니라 반드시 취침을 통해 몸을 회복시키도록 했고, 이 과정 모두 면밀히 체크했다. 몇 달에 걸친 프로그램 진행을 통해 메시는 성인 프로 선수들과 경합할 수 있는 몸 상태를 빠르게 갖추게 되었다. 가진 재능도 출중했지만, 그 재능이 더 빠르게, 그리고 효과적으로, 어려움 없이 발휘될 수 있도록 지원해준 것이 바르사의 시스템이었다.

메시의 마지막 월반인 1군 팀 입성은 2003년 11월 정규 시즌 도중에 열린 포르투갈 클럽 FC포르투와의 친선경기를 통해 이뤄졌다. 비록 공식 경기는 아니었지만, 메시의 축구 인생에 매우 의미 있는 순간이었다. 당시 포르투는 포르투갈에서 개최하는 유로2004 대회를 위해 새 홈 경기장을 건립했고, 이 경기장의 개장 기념 경기로 바르사와의 친선전을 열었다. 경기는 양 팀 모두 리그 일정이 없는 국가대표 A매치 주간에 열렸는데, 바르사의 경우 각국 대표 선수로 참가하는 선수가 워낙 많아 1군 선수단에 결원이 컸다. 이에 프랑크 레이카르트 당시 바르사 1군 감독은 바르사B팀 소속 선수들의 소집을 요청했다. 이때 바르사 1군으로 추천을 받은 선수 명단에 메시도

포함되었다. 메시뿐 아니라 당시 유스 출신으로 1군 팀 합류의 기회를 얻은 유스 출신 선수는 오리올 리에라, 조르디 고메스, 골키퍼 차비에르 지나르드 등 4명이었다. 당시 바르사 1군의 주장은 훗날 2014-15시즌 바르사의 감독으로 트레블을 이룩하게 되는 루이스 엔리케였다. 엔리케는 공항에서 메시를 비롯한 바르사 유소년 출신 아이들이 1군에 합류한 현장에서 "가방을 잃어버리지 말라"는 농담을 건네며 유쾌하게 환영해 주었다.

2003년 11월 16일. 포르투의 감독은 주제 무리뉴였고, 포르투는 자신들의 개장 기념 경기에 티아구, 마니시, 카르발류, 바이아 등 주전 선수들을 대거 기용했다. 바르사는 그동안 경기에 뛰지 못한 선수들이 주로 기회를 잡았지만 루이스 엔리케, 차비 에르난데스, 가브리, 라파 마르케스, 올레게르 같은 핵심 선수들도 경기에 나섰다. 메시는 벤치에서 대기했다. 메시의 1군 데뷔를 보기 위해 메시의 부모 호르헤와 셀리아, 형 로드리고도 포르투행 비행기에 몸을 실었다. 레이카르트 감독은 후반 30분경 페르난도 나바로를 대신해 메시의 교체 투입을 지시했다. 당시 메시는 만 16세 145일의 나이였다. 등번호는 바르사 축구의 전설 요한 크루이프가 달았던 14번이었다. 메시 가족이 바르셀로나로 이주한 지 단 2년 9개월 만에. 생각보다 훨씬 빠른 시간에 메시의 프로 데뷔가 현실이 됐다. 짧은 출전 시간이었지만, 메시는 두 차례 골에 근접한 기회를 만들어 냈다. 경기는 포르투의 2-0 승리였으나, 바르사 코칭 스태프와 팬들은 모두 어린 메시의 활약에 찬사를 보냈다. 특히 헹크 텐카테 당시 바르사 코치는 "메시는 마치 평생 우리와 함께 뛰었던 선수처럼 자연스러웠다. 16세의 나이로 포르투를 상대로, 이토록 많은 관중 앞에서 플레이한다는 것은 비범한 일"이라고 설명했다. 이제는 바르사 1군 코칭 스태프에서 메시의 체계적 1군 승격을 위한 프로그램을 제시했다. 호나우지뉴와 메시를 동시에 세우는 날이 최대한 빨리 오게 만들자는 것에 모두가 같은 의견이었다. 레이카르트 감독은 포르투전 이후 메시를 가급적 바르사B팀 경기에 투입해 달라고 요청했고, 일주일에 한 번씩은 1군 팀과 함께 훈련을 시키겠다고 했다. 그리고 적응력이 높아지는 것에 맞춰 1군 훈련 빈도는 일주일에 2~3회로 늘려가며 1군 선수로 만들겠다는 계획을 세웠다. 메시는 만 16세의 나이로 바르사 프로 선수의 자격을 인정받았다.

1군 데뷔까지

메시는 바르사 유소년 팀에서 뛰던 시절부터 1군 데뷔 시기에 이르기까지 잉글랜드의 아스널, 이탈리아의 인터밀란을 비롯해 유수의 빅클럽으로부터 많은 영입 제안을 받았다. 인터밀란의 경우 1군 선수로 영입하기 위해 바르사와 계약한 연봉의 3배에 달하는 액수를 제시하기도 했다. 실제로 메시의 대리인을 맡은 부친 호르헤도 고민하지 않을 수 없는 파격적인 제안이었다. 이 시기는 2005-06시즌 초반으로 메시가 스페인 시민권을 취득하기 전이라 외국인 선수 출전 제한에 걸려 공식 리그 경기를 뛰지 못하던 때였다. 여러 배경으로 인해 인터밀란의 제안에 흔들리던 호르헤를 설득한 것은 메시를 성장시키고, 발전시키는 방식에 대한 노하우에 대한 자신감이었다. 물론 큰돈을 버는 것만으로도 성공한 인생이라고 말할 수 있지만, 더 큰 영광을 얻기 위해서는 눈 앞의 돈보다 더 중요한 방향성이 있다.

이탈리아의 수비적인 전술. 그리고 거친 플레이스타일, 몸싸움에 관대한 주심의 판정 성향 속에 메시가 지금과 같은 스타일을 유지할 수 있었을까? 바르사에서 동일한 철학을 공유하며 자란 선수들과 만들어낸 플레이를 그곳에서도 재현할 수 있었을까? 당시 바르사 단장 렉사흐는 "다른 팀에 가도 바르사에서 주는 만큼의 돈을 받을 수는 있다. 그러나 다른 팀에서는 바르사에서만큼 볼을 터치하기 어려울 것이다"라고 말하며 설득했다. 물론 역사에 가정은 무의미한 일이다. 이탈리아로 건너가서도 메시는 위대한 선수로 성장했을 수 있다. 그러나 스페인 바르셀로나에 적응하는 과정에서도 만만치 않은 진통을 겪은 메시 가족이었고, 유소년 팀이 쌓아 올린 선수 배출의 영광스러운 역사와 놀라운 성적을 살핀다면 바르사가 메시에게 더 적합한 곳이었다는 판단을 내리는 데 무리가 없다. 게다가 그때까지 메시를 지켜보고 성장시키는 과정에서 쌓인 노하우를 생각한다면 단지 돈 때문에 바르사를 떠날 경우 메시가 잃을 것이 더 많았을 것이다. 이 점을 생각한다면 당시 아버지 호르헤가 더 적은 액수의 계약에도 바르사 잔류를 택한 것은 옳았다고 할 수 있다. 물론 바르사의 제안 역시 10대의 어린 선수에게는 상상할 수 없는 큰 액수였으나, 눈 앞에 놓인 그보다 더 큰돈을 포기한 선택으로 인해 메시는 세계 최고의 선수가 됐고, 그에 준하는 부와 명예를 모두 누리고 있다.

03

호나우지뉴와의 만남

프로에 진입한 메시의 성장기에 근거리에서 진정한 멘토의 역할을 한 인물은 아르헨티나 출신이 아니라, 브라질 출신의 스타 호나우지뉴였다. 조안 라쿠에바 당시 바르사 유스 디렉터는 "메시가 처음 바르사 1군에 올라왔을 때 호나우지뉴가 전성기를 맞은 시기였다는 것은 아주 큰 도움이 되었다. 메시는 호나우지뉴라는 나무 그늘에서 자란 버섯 같았다. 메시는 호나우지뉴와 함께 하면서 강해졌다"고 말했다. 호나우지뉴는 메시가 자신의 플레이를 근거리에서 보고 배울 수 있도록 도와줬을 뿐 아니라, 경기장 안팎에서 많은 부담을 줄여준 존재였다. 호나우지뉴라는 슈퍼스타의 존재는 특급 유망주 메시를 향한 여론의 관심을 줄어들게 해줬고, 경기장 위에서도 수비의 집중 견제가 호나우지뉴에게 주로 쏠리는 경우가 많았다. 메시는 여론의 관심에 대한 부담이나, 상대 수비의 거친 견제를 호나우지뉴의 존재를 통해 어느 정도 덜어낸 채 성장할 수 있었다. 슈퍼스타가 압박감과 부담감을 이겨내고 경기장 위에서 실력을 발휘하는 과정을 아주 가까이서 지켜볼 수 있었던 것도 값으로 헤아릴 수

없을 정도로 큰 경험이었다. 그러나 메시가 호나우지뉴에게 받은 영향은 이러한 간접적인 측면이 전부가 아니다. 호나우지뉴는 메시를 살뜰히 아꼈고, 많은 것을 직접 가르친 선배였다.

프랑크 레이카르트 감독은 2004-05시즌부터 메시를 바르사 1군 훈련에 본격적으로 합류시켰다. 이미 유소년 레벨에서 큰 명성을 쌓은 메시에 대해 호나우지뉴는 잘 알고 있었다. 메시가 1군 훈련장에 모습을 나타낸 첫 날 주차장에서 아는 척을 하며 먼저 인사를 건넨 것도 호나우지뉴였다. 호나우지뉴는 메시를 편하게 해주며 어색하지 않게 1군 선수단에 잘 녹아들 수 있도록 도와줬다. 호나우지뉴는 메시와의 첫 훈련을 함께 한 뒤 메시의 잠재력을 곧바로 알아차렸다. 호나우지뉴는 동료들에게 "이 녀석이 나보다 더 뛰어난 선수가 될 것"이라고 말했다. 당시 그라운드 위에서 원하는 모든 것을 이뤄가던 호나우지뉴의 말에 모두가 농담처럼 듣고 웃어 넘겼으나, 호나우지뉴는 진지하게 재차 그 점을 어필했다. 이후 몇 차례 더

LIONEL MESSI

메시와 훈련을 함께 한 다른 동료 선수들도 호나우지뉴가 했던 말에 수긍하게 되었다. 당시 호나우지뉴는 친하게 지내던 스페인 축구 기자 크리스티나 쿠베로에게 전화를 걸어 "방금 막 훈련을 했는데 앞으로 나를 능가하게 될 녀석과 뛰고 왔다"고 이야기할 정도로 큰 충격을 받은 듯했다. 쿠베로가 "너무 과장하는 것 아니냐"고 대꾸하자 "그녀석이 뭘 했는지 모를 거야. 정말 정말 뛰어나"라고 덧붙여 설명했다. 이 점에 대해서는 레이카르트 감독과 헹크 텐카테 코치 등 코칭 스태프의 의견 역시 같았다. 텐카테 코치는 "우리는 메시가 호나우지뉴보다 뛰어난 선수가 되리라는 것을 알고 있었다"고 말했다.

호나우지뉴는 자신을 능가하게 될 어린 재능을 만난 것을 위협이나 걱정이 아닌 즐거움으로 받아들였고, 후배가 더 잘 성장할 수 있도록 이끌기로 결심했다. 호나우지뉴의 이 같은 자세와 배려심은 프로 선수로 발돋움하는 과정에 있던 과도기의 메시에게 커다란 도움이 되었다.

호나우지뉴는 구체적으로 메시에게 1군 팀 적응, 전술적 조언, 기술적 발전 등 총 세 가지 측면에서 긍정적 영향을 끼쳤다. 호나우지뉴는 메시가 2004년 10월 16일 만 17세 114일에 불과한 나이로 에스파뇰과의 스페인 프리메라리가 경기에 데뷔할 수 있었던 과정에도 결정적인 기여를 한 인물이다. 신중하게 1군 데뷔전 출전 기회를 조율하던 레이카르트 감독에게 "더 이상 시간 낭비를 해선 안된다"며 메시의 1군 엔트리 포함을 강력하게 주장하고 나선 것이 바로 그였다.

메시가 바르사 1군 팀에 빠르게 녹아들 수 있었던 데에는 호나우지뉴의 역할이 매우 컸다. 당시 1군 팀의 분위기를 주도하던 호나우지뉴가 메시를 친동생처럼 챙겼기 때문이다. 메시는 바르사 유소년 팀에서는 카탈루냐 아이들과 친하게 어울렸지만, 바르사 1군팀에는 세계 각지에서 온 화려한 명성의 스타들이 많아 거리감이 있었다. 그 중에서도 호나우지뉴, 시우비뉴, 티아구 모타 등 브라질 선수들과 데쿠 같은 브라질 출신 선수들이 특유의 흥으로 라커룸을 재미있게 만들었다.

호나우지뉴는 훈련 후 식사 시간이나 여가 시간에도 메시를 함께 데리고 다녔다. 한 달에 한 번씩 정기적으로 가진 저녁 모임에도 메시를 꼭 불렀다. 메시를 형제라고 불렀으며, 실제로도 형제처럼 가까이 대했다. 프리시즌의 아시아 투어를 다녀온 뒤에는 더욱 더 돈독한 관계가 되었다. 브라질 출신의 호나우지뉴, 시우비뉴, 모타, 데쿠

등은 축구적으로는 라이벌 관계에 있는 아르헨티나를 적대시하는 편이었는데, 식사시간에는 늘 메시와 함께 밥을 먹었다. 그는 "이 식탁에 앉을 수 있는 유일한 아르헨티나 사람"이라고 농담을 하곤 했다. 내성적인 성격의 메시는 이들 사이에서 말이 많지 않은 편이었지만, 즐겁게 웃는 모습은 쉽게 발견할 수 있었다.

메시는 호나우지뉴가 팀을 떠난 이후 바르사 구단 방송과 인터뷰에서 "1군 라커룸에 처음 갔을 때 호나우지뉴, 데쿠, 시우비뉴, 모타 등 브라질 선수들이 내가 쉽게 적응할 수 있도록 도와줬다"고 고백했다. 메시는 호나우지뉴에 대한 특별한 마음을 표하며 바르사 시절 말기에 팬들의 과도한 비판을 받은 것에 대해 잘못된 행동이라고 지적했다.

호나우지뉴가 메시의 1군 정착에 준 결정적 도움은 메시의 라리가 데뷔골을 그가 직접 어시스트해서 만들어준 것이다. 2004-05시즌 알바세테와의 라리가 34라운드 경기, 바르사는 리그 1위로 우승이 유력한 상황이었다. 그러나 레알마드리드가 거센 추격을 하고 있어 한 경기 한 경기의 결과가 중요했다. 알바세테는 한 수 아래의 상대였지만, 미드필더 차비가 징계로 나설 수 없는 상황에 경기가 잘 풀리지 않았다. 1-0으로 리드를 하고 있는 상황이었으나 마지막까지 팽팽한 긴장감이 유지됐다. 레이카르트 감독은 경기 종료 7분여를 남기고 교체 투입 카드로 메시를 택했다. 메시는 이 경기 전까지 1군 경기에 6차례 출전했으나 짧은 시간만을 소화했고, 여전히 바르사B팀 경기에 주로 나서고 있었다. 메시는 공격수 사뮈엘 에토오 대신 들어갔고, 호나우지뉴는 그라운드에 들어선 메시에게 귓속말을 전했다.

네가 골을 넣을 수 있도록 패스해줄게. 내일 신문 1면의 주인공은 네가 될 거야.

경기 시간은 얼마 남지 않았지만, 호나우지뉴는 그 말을 현실로 만들었다. 후반 종료 시점이 다가온 순간, 호나우지뉴는 페널티 에어리어 전방 우측 지역에서 문전 중앙으로 침투하는 메시를 향해 수비를 키를 넘기는 절묘한 로빙 패스를 전달했다. 메시는 침착히 로빙 슈팅으로 골키퍼를 넘겨 골망을 흔들었지만 심판이 오프사이드를 선언했다. 리플레이 상으로는 오심으로 보였으나 판정은 번복되지 않았다. 낙담한 메시에게 호나우지뉴는 다가가 "다시 패스해줄게"라고 말했고, 후반 45분을 넘긴 시간,

" "

특히 호나우지뉴가 잘 해줬다.

팀의 스타인 그에게 많은 것을 배웠다.

처음부터 내게 잘 해준 것에 대해 정말 감사하다.

호나우지뉴가 정말 큰 도움을 줬다.

지금까지 라커룸 생활을 오래했지만 그렇게까지 잘 대해준 사람은 없었다.

모든 것이 다 쉽게 되도록 만들어 줬다.

호나우지뉴가 나타나면 좋지 않던 분위기도 밝아진다.

그는 팀에 우승컵을 가져오기도 했지만, 그것뿐만 아니라 모두를 행복하게 했다.

바르사는 호나우지뉴가 준 것에 대해 항상 감사해야 한다.

호나우지뉴의 로빙 패스가 다시 메시에게 이어졌다. 메시는 다시 한번 골키퍼를 넘기는 마무리 슈팅을 성공시켰고, 관중들의 함성과 함께 골이 인정됐다.

호나우지뉴가 먼저 달려가 메시를 등에 업어 주었다. 메시가 뛴 채 10분이 안되는 시간 동안 두 장면 외에도 호나우지뉴는 메시에게 패스를 하겠다는 일념 하나로 여러 차례 메시에게 패스를 했다. 메시의 데뷔골을 직접 만들어 주고 싶다는 의지가 강력했다. 메시는 경기 후 믹스트존에서 가진 인터뷰에서 "모든 선수들이 다 잘 해주지만 호나우지뉴와는 특별한 관계"라고 말하기도 했다. 프로 데뷔골을 기록한 메시가 이후 더 자신감 있는 플레이를 하게 된 것은 자연스러운 수순이었다. 호나우지뉴가 메시의 어깨를 가볍게 만들어 주면서 그의 활약에 가속 페달을 밟아준 것이다.

호나우지뉴가 메시에게 준 것은 '패스' 만이 아니다. 두 번째로 경기 중 전술적인 대응에 대해서도 노하우를 전수했다. 당시 호나우지뉴는 미국프로농구(NBA) 경기를 즐겨보며 농구에서의 움직임과 전술을 축구에 응용하는 것에 골몰하고 있었다. 실제로 호나우지뉴의 탁월한 전술적 움직임과 창조적 플레이 패턴은 NBA에서 참고한 것이 많았다. 호나우지뉴는 이 방법을 메시에게도 알려줬다. 어시스트를 하는 방법이나 상대 수비를 블로킹하며 공간을 활용하는 법, 경기를 이해하는 법 등에 대해 NBA 영상이나 서로 간의 대화를 통해 알려 주었다. 경기 중에도 "내가 얘기하면 숨어 있다가 오른쪽 측면에서 나타나"라는 매우 구체적인 주문을 주고받으며 콤비 플레이의 합을 맞췄다. 메시는 호나우지뉴와 함께 보낸 시간을 통해 경기 전술에 대해 배우고, 발전했다. 메시는 호나우지뉴가 떠난 뒤에도 "자주 통화를 한다. 서로 하고 있는 일들에 대해 설명도 하고 이야기를 나눈다"고 밝히기도 했다. 바르사에서 함께 생활했던 아이슬란드 미드필더 아이두르 구드욘센은 "호나우지뉴는 축구 이야기를 꽤 자주했는데, 그럴 때마다 메시가 아주 집중해서 듣던 모습을 볼 수 있었다. 메시는 존경하는 스타를 보는 팬처럼 호나우지뉴의 이야기에 매료되어 있었다"고 회고했다. 호나우지뉴는 메시 못지 않은 천재였고, 메시가 걸은 길을 먼저 걸었던 선배다. 메시는 "호나우지뉴는 내가 겪는 일들을 이미 다 알고 있다"고 말하며 따랐다.

호나우지뉴가 메시의 기술 발전에 보이지 않게 기여한 또 하나는 바르사 훈련장에 족구 열풍을 일으킨 것이다.

통상적으로 유럽 축구 팀의 훈련은 하루에 한 번, 2시간을 넘지 않게 진행된다. 막 1군 훈련에 합류한 메시의 일정은 팀 훈련을 소화한 뒤 추가적인 피지컬 트레이닝을 받은 뒤 마사지를 받는 것이었다. 그 이후에는 집으로 돌아가면 되는 상황이었는데, 메시의 일과에는 거의 정기적으로 바르사 구장의 실내 워밍업장을 들르는 것이 포함되어 있었다. 여기에서는 바르사 코칭 스태프와 관계없이 선수들 사이에서 족구 시합이 열렸다. 오전 훈련을 마치고 점심식사를 한 뒤 선수들은 자유시간을 갖기 위해 구장 밖을 나서기보다 족구 시합을 통해 공과 더욱 더 친해질 수 있는 시간을 보냈다. 추가적인 훈련의 의미는 아니었다. 이는 호나우지뉴와 시우비뉴의 주도로 시작된 놀이, 일종의 내기였다. 족구는 철저히 일대일의 대결로 펼쳐졌다. 워밍업장 한 쪽 구석에 직접 라인과 네트를 설치해 족구 게임을 주최했다. 방식은 3번의 터치 이내에 네트를 넘기는 것이고, 먼저 11점을 내는 쪽이 이기는 것이다.

바르사 선수단 내의 족구 내기 시합은 큰 신드롬이 됐다. 당시 바르사 선수였던 네덜란드 대표 선수 지오바니 판브롱크호르스트는 "훈련을 마치고서 오후 내내 족구 시합으로 하루를 보냈다. 오후 6시까지 진행됐을 때도 있었다"고 회고했다. 페르난도 나바로는 "경기 전이나 훈련이 끝난 뒤에 하곤 했다. 갈수록 네트가 높아지고 게임에 대한 집중도가 높아져 기술 발전에도 아주 큰 도움이 됐다"고 설명했다. 리그 경기가 열리는 날 가벼운 훈련 뒤에도 선수들은 짧게 즐기는 족구를 빼놓지 않았다. 바르사에서 최고의 기술을 갖춘 선수는 호나우지뉴였지만, 족구 시합의 최강자는 시우비뉴였다. 메시가 등장하기 전까지의 이야기다. 메시가 1군 훈련에 합류해 족구 시합에 나서면서 챔피언이 바뀌었다. 메시는 족구 시합에도 비범한 열정과 승부욕을 보였다. 다른 이들의 시합까지도 아주 집중해서 관찰하며 승리를 위한 방법을 골몰했다. 워밍업장 구석의 기둥을 노리는 방식으로 필승 득점루트를 찾아내기도 했다. 나바로는 "메시가 최고였다. 절대 막을 수 없는 곳으로 찼다"고 기억했다. 판브롱크호르스트는 "메시는 괴물이다. 메시와의 대결은 불공정한 게임이었다"고까지 말했다. 프로 선수가 되면 오히려 유년기나 청소년기에 비해 훈련량이 부족해질 수 있는데, 메시는 어린 나이에 올라와 기술과 기본기를 단련할 수 있는 족구 게임에 열중함으로써 부족한 부분을 더 단련하고 채울 수 있었다. 호나우지뉴가 바르사에 족구 열풍을 불러온 영향이다.

04 메시가 함께 한 감독들

제아무리 메시가 뛰어난 실력을 갖추고 있더라도, 그와 보조를 맞춰줄 동료 선수, 그리고 그의 능력을 극대화할 전술을 구성하고, 그를 기용해줄 감독의 도움이 없다면 11명이 하나의 팀으로 기능해야 하는 축구 경기에서 성공할 수 없었을 것이다. 메시는 세계 최고의 명문 클럽 중 하나인 바르사에서 활동하면서 세계적인 명장들 아래에서 성장할 수 있었다. 더불어 아르헨티나는 남미 대륙에서 우수한 지도자를 가장 많이 배출해온 나라로 유명하다. 아르헨티나의 연령별 대표팀과 국가대표팀에서도 메시는 성인 프로 선수로 성장하는 과정에서 유익한 시간을 보냈다.

Frank Rijkaard *2003-2008*

메시를 프로 선수로 데뷔시킨 레이카르트

메시가 바르사 1군에서 처음 만난 감독은 네덜란드 출신의 프랑크 레이카르트다. 레이카르트 감독은 2003년 같은 네덜란드 출신 루이스 판할 감독의 뒤를 이어 바르사 감독이 된 인물이다. 현역 선수 시절 네덜란드 명문클럽 아약스와 이탈리아 명문클럽 AC밀란에서 수비형 미드필더로 활약하며 전성기를 보냈다. 네덜란드 대표 선수로 1988년 유럽선수권대회 우승을 이룬 그는 아약스와 밀란에서 모두 22개의 우승컵을 들었고, 유럽축구의 최고봉인 UEFA 챔피언스리그의 전신 유러피언컵 우승을 양 팀에서 모두 달성했고, 무려 3차례나 유럽 챔피언이 됐다. 1995년 현역 생활을 마치고 지도자 공부에 나선 레이카르트 감독은 은퇴 후 단 3년 만인 1998년 네덜란드 대표팀 감독으로 부임해 네덜란드와 벨기에가 공동 개최한 2000년 유럽선수권대회에 참가했다. 비록 네덜란드는 이탈리아와의 승부차기에서 패해 준결승전에서 탈락했지만, 레이카르트 감독은 매력적인 공격 축구로 축구 팬들을 매혹시켰다.

네덜란드 클럽 스파르타로테르담을 거쳐 향한 곳이 바르사였다. 네덜란드 출신 선수들과 감독과 좋은 인연을 맺어오던 곳으로, 바르사에 아름다운 축구 철학을 심은 요한 크루이프가 적극 추천하며 성사됐다.

레이카르트 감독은 호나우지뉴를 효과적으로 활용하며 바르사가 아름다운 축구를 펼치면서도 우승을 차지하는 팀으로 기능하게 했다. 레이카르트 감독의 또 다른 업적 중 하나는 만 17세의 메시를 1군 팀으로 과감히 발탁하고, 메시가 1군 팀에 빠르게 적응할 수 있도록 도와준 것이다. 메시를 통해 가장 큰 열매를 맺은 감독은 후임자인 주제프 과르디올라였지만, 메시를 바르사 1군 주전으로 자리잡도록 한 인물이 레이카르트라는 점은 간과해서는 안된다.

레이카르트 감독의 눈에 들기 앞서 메시를 바르사의 유소년 팀에서 지도한 감독들도 모두 메시를 정해진 틀에 가두려 하지 않았다. 공을 최대한 오래 소유하기를 바라고, 문전을 드리블로 무너트린 뒤 득점하는 플레이를 즐겼던 메시는 미드필더와 스트라이커의 라인 사이, 아르헨티나에서 '갈고리(Enganche)'라 불리는 쳐진 공격수 포지션에서 뛰는 것을 가장 선호했다. 당시 바르사는 1군팀과 유소년 팀 모두 3-4-3 포메이션과 4-3-3 포메이션을 번갈아 사용했기 때문에 메시가 선호하는 포지션이 존재하지 않았다.
메시는 유소년 팀에서 주로 측면 공격수로 배치되곤 했다. 측면 공격수지만 중앙과 전방으로 자유롭게 움직이며 뛰었다. 2002-03시즌 바르사 후베닐B 팀에서 메시를 지도한 알렉스 가르시아 감독은 "15살의 메시는 자신이 가진 능력에 대한 믿음으로 가득 차 있었다"고 기억한다. 그도 메시를 측면 공격수로 배치했으나 메시는 스스로를 공격형 미드필더로 여기고 자유로운 움직임을 가져가며 공격을 이끌었다. 중앙으로 치고 들어와 경기를 만들어가는 플레이를 구사했는데, 가르시아 감독도 메시를 나무라거나 제지하지 않고 그가 가진 재능을 그라운드 위에서 마음껏 펼치도록 허락했다. 다른 동료 아이들에게도 다양한 포지션 변화를 가르쳐 메시의 플레이를 살리는 것은 물론, 모든 유소년 선수들이 동반 성장을 할 수 있는 환경을 조성해주었다. 월반을 거듭하던 메시가 한 팀에서 온전히 시즌을 보낸 것은 가르시아 감독이 이끈 2002-03시즌이 유일했는데, 메시는 팀내 최전방 스트라이커였던 바스케스가 기록한 31골보다 5골이나 더 많은 36골을 득점하며 팀 공격의 중심 역할을 했다.
2003-04시즌에 메시는 후베닐B팀에서 후베닐A, 바르사C, 바르사B팀에 이어 1군팀의 부름을 받기까지 무려 4번의 월반을 경험하게 된다. 바르사B팀의 페레 그라타코스 감독이 후베닐 단계에서 훈련하던 메시에게 매료된 것이 고속 월반의 단초였다. 바르사B팀은 어느 때나 1군 팀에 선수를 보낼 수 있어야 하는 상황이었기에, 1군팀과 완전히 같은 전술을 사용하며 운영되었다. 바르사 1군의 레이카르트 감독은 바르사B팀의 선수 자원을 매일 같이 직접 살필 수는 없었기에 매주 화요일 마다 그라타코스와 미팅을 갖고 바르사B팀 선수들의 상태를 파악했다. 메시는 바르사B팀 선수 중 가장 어렸지만, 가장 심도 깊게 논의된 선수다. 당시 바르사의 공격은 스리톱 가운데 왼쪽에 배치된 호나우지뉴를 중심으로 빌드업을 전개했다. 레이카르트 감독의 고민은 호나우지뉴를 지원해줄 또 다른 공격수였다.

그라타코스 감독은 메시를 오른쪽 측면에 배치했고, 1군에 올라가서 호나우지뉴와 좌우 측면에 동시 기용되는 방식에 대한 적응력을 미리 키우도록 했다. 레이카르트 감독과의 논의에 이은 결과였다. 메시 스스로도 측면에서 전통적인 윙 플레이보다 중앙으로 치고 들어오는 커트인 플레이를 선호했는데, 바르사B팀은 아예 이런 패턴 플레이를 집중적으로 단련시켰다. 레이카르트 감독은 2003년 11월 FC포르투와의 친선 경기에 메시를 전격 발탁해 후반 막판 교체 투입했다. 이 경기 이후 레이카르트 감독은 헹크 텐카테 코치, 치키 베히리스타인 단장과의 미팅에서 "총알처럼 등장한 메시가 호나우지뉴의 파트너로 손색이 없다"는 합의에 도달했다. 레이카르트 감독은 메시를 일주일에 한 번 1군 훈련을 함께 하도록 지시했고, 성장 흐름에 따라 1군 훈련 합류 날짜를 2일, 3일씩 늘리기로 했다. 후베닐 감독 및 바르사B팀 감독에게 매주 정기적으로 경기에 투입해 줄 것을 주문했다.
바르사는 2004-05시즌에 원대한 목표를 세우고 팀 리빌딩 작업에 나섰다. 파트릭 클라위베르트, 필리프 코퀴, 에드하르 다비즈, 미카엘 라이지헤르 등 오렌지 커넥션이 팀을 떠났고, 주장 루이스 엔리케와 빠른 윙어 마르크 오베르마르스가 은퇴를 하면서 대체 자원이 다수 필요했다. 바르사는 FC포르투에서 UEFA챔피언스리그 우승을 이끈 데쿠, AS모나코의 준우승을 이끈 루도빅 지울리를 영입했다. 여기에 비야레알 풀백 줄리아노 벨레티, 올랭피크리옹 수비수 에드미우송, 셀틱 공격수 헨리크 라르손, 셀타비고의 풀백 시우비뉴, 마요르카 공격수 사뮈엘 에토오 등 검증된 선수들이 차례로 합류했다. 이들은 즉각적으로 효과를 내기 위한 자원이었고, 레이카르트 감독은 더 먼 미래를 바라보며 메시를 1군 팀에 데뷔시킬 계획도 세우고 있었다. 실제로 2004년 10월 16일 RCD에스파뇰과의 라리가 경기에 메시를 교체 투입해 만 17세 11일의 나이로 당시 기준 역대 최연소 데뷔전을 치를 수 있도록 했다. 메시는 "레이카르트 감독님이 내 프로 경력이 시작되는 기회를 만들어 주신 것에 대해 절대로 잊지 못할 것"이라며 고마움을 표해왔다.
메시는 "겨우 16살, 17살 밖에 안 되는 어린 아이에게 큰 신뢰를 주셨다"고 말했다. 메시는 에스파뇰과의 경기에 데쿠 대신 투입되어 8분여를 뛰었다. 특별한 인상을 남기기엔 짧은 시간이었지만, 팀은 1-0으로 승리했다.
메시는 레이카르트 감독의 주문 속에 바르사B팀에서 정기적으로 경기를 뛰며 피지컬적인 어려움을 극복해

나가고 있었다. 레이카르트 감독은 메시의 재능에 대해서는 이미 성인 무대에 나서도 손색이 없다고 인정하고 있었지만, 1부리그 무대에서 살아남기 위해서는 더 강해져야 한다는 사실도 간과하지 않았다. 몸을 더 강하게 단련한 뒤 단계적으로 기회를 부여해야 메시가 상처 없이 프로 선수로 자리잡을 수 있다고 여겼다. 에스파뇰전 출전 이후 메시는 오사수나와의 경기에도 20여분을 뛰었지만 그 이후에는 7경기 연속 벤치에서 대기하기만 했다. 레알마드리드에 3-0 완승을 거둔 경기에도 메시는 바르사의 벤치에 있었다. 메시는 벤치에서 선배 호나우지뉴가 활약하는 모습을 세밀하게 살폈고, 레이카르트 감독이 선수단에 어떤 지시를 내리고, 어떻게 팀을 운영하는 지을 익혔다. 레이카르트 감독이 메시를 1군 팀에 합류시키며 노린 부분을 메시 자신도 잘 따른 것이다.

레이카르트는 감독의 역할 중 전술 전략을 짜는 것은 20%의 비중 밖에 차지하지 않는다고 생각했다. 그보다 중요한 것은 선수들이 어떤 부분을 필요로 하는지 파악하고, 그 역할을 해줄 수 있는 것이 중요하다고 여겼다. 그 스스로 풍부한 선수 경험을 통해 체득한 것이다. 레이카르트 감독은 규율보다는 유연하고 융통성 있는 감독이었고, 어린 메시를 늘 편하게 대해주었다. 농담을 건네며 큰 형처럼 느끼게 해줬다. 레이카르트 감독도 이민자 가정의 출신으로 네덜란드에서 자랐고, 해외 클럽에서 선수 생활을 하며 겪은 애환을 잘 알기에 바르사 구단 내의 외국인 선수들에게 좋은 영향을 줬고, 메시의 심리 상태를 세심히 챙겼다. 레이카르트 감독이 1군에 갓 올라온 메시에게 전한 메시지는 "실수를 하는 것은 아무런 문제가 되지 않는다. 계속해서 기회를 줄 것이다"라고 믿음을 준 것이었다. 타지에서 힘겨운 도전에 나서고 있는 메시에게 감독까지 프로 세계에 대한 압박감을 주어선 부작용만이 나타나리라는 것을 잘 알고 있었다. 메시와 친했던 브라질 풀백 시우비뉴도 "레이카르트 감독이 메시의 프로팀 첫 번째 감독이었다는 것은 엄청난 어드밴티지였을 것"이라는 의견을 냈다. 모든 감독이 다 레이카르트와 같은 방식을 쓰는 것은 아니기 때문이다. 시우비뉴는 "레이카르트 감독은 심장이 큰 사람인데다. 진정한 신사다. 언제나 모두에 대해 신경을 쓰던 사람"이라며 레이카르트 감독과 같은 따뜻한 마음 씀씀이를 갖춘 감독과 함께 프로 생활을 시작한 것에 메시의 심리 상태에 긍정적 영향을 줬을 것이라고 말했다.

메시는 유소년 선수로 뛰면서 경기에 나서지 못하는 상황에 대해 극도로 싫어했는데, 바르사 1군에 녹아 드는 과정 속에서도 그런 마음은 마찬가지였다. 그러나 훗날 돌이켜보고는 그런 단계적 출전이 자신에게 큰 도움이 되었다는 사실을 깨달았다. 메시는 2013년 바르사 구단 방송과 인터뷰에서 레이카르트 감독의 방식에 대한 감사를 표했다.

"
레이카르트 감독님은 나를 단계별로 끌어올려 주셨다.
결코 부담을 주지 않았다.
가끔은 같은 선수단 안에 있는데 왜 나는
뛰지 못하는 걸까 이해하지 못했던 때가 있었다.
지금에 와서는 냉정하게 볼 수 있게 됐다.
그가 나를 성급하게 대하지 않은 것이다.
그 점에 대해 정말 감사한다.
레이카르트 감독님은 언제나 내게 어떤 것이
최선인지 알고 있는 분이었다.
"

2004-05시즌 바르사는 스페인 프리메라리가 우승을 이뤘고, 우승 퍼레이드에는 메시도 함께 했다. 2005-06시즌 들어 레이카르트 감독은 메시를 본격적으로 1군 선수로 기용하려 했다. 시즌 초기 스페인 시민권 취득 문제로 진통이 있었다. 유벤투스의 파비오 카펠로 감독은 조안감페르 트로피(Trofeu Joan Gamper; 바르사 창립자 조안 감페르의 이름을 딴 대회로, 시즌 개막 전 홈팬들 앞에서 출정식을 벌이며 치르는 친선경기 형식의 대회) 친선경기에서 메시의 눈부신 기량을 지켜보고는 임대 선수로라도 영입하고 싶다는 메시지를 전했고, 인터밀란은 연봉 3배의 제안을 하기도 했다. 레이카르트 감독은 "메시는 우리에게 중요한 선수"라며 정중히 거절했다. 메시가 2005년 9월 최종적으로 스페인 이중국적을 인정받으면서 바르사 1군 팀의 일원으로 확실히 자리를 잡았다. 메시는 주로 교체 선수로 나섰지만 바르사가 스페인 프리메라리가와 UEFA챔피언스리그 우승을 동시에 석권하는 데 기여했다.

레이카르트 감독은 메시를 향해 '제2의 마라도나'라는 수식어가 따르자 "또다른 마라도나를 얻은 것이 아니라

새로운 메시를 얻은 것이라고 말하고 싶다. 타고난 클래스를 갖춘 메시는 여러 포지션을 소화할 수 있어 팀에 언제나 도움이 되는 선수다."라고 말하며 메시 자신의 이름으로 빛날 수 있는 선수라고 칭찬했다.

레이카르트 감독은 "메시의 머리 속에 어떤 아이디어도 심어줄 필요가 없다. 그냥 그가 원하는 대로, 본능적으로 하도록 두면 된다"고 말하기도 했다. 세기의 재능을 자기 뜻대로 조종하려 하지 않았다. 메시는 2005-06시즌, 리그 12라운드 레알마드리드와의 엘클라시코에 선발 출격 명령을 받았다. 그 전까지 공식전에 풀타임으로 나선 것이 겨우 두 차례뿐이었기에 예상치 못한 깜짝 카드였다. 메시 자신도 경기 시작 2시간 전까지 알지 못했던 일이다. 메시는 이 경기에서 전반 14분 에토오의 선제골을 어시스트하며 3-0 대승에 기여했다. 호나우지뉴가 두 골을 넣어 산티아고베르나베우의 레알 팬들로부터 기립 박수를 받을 정도로 놀라운 플레이를 펼쳤으나, 만 20세에 불과한 어린 메시의 활약도 대단했다. 이후 메시는 베테랑 윙어 지울리를 주전 경쟁에서 밀어내고 선발 출전 선수가 됐다. 레알전에 이어 라싱산탄데르와의 리그 13라운드

경기에도 선발 출전해 시즌 첫 골을 넣었고, 2007년 3월 첼시와의 UEFA챔피언스리그 16강전에서 오른쪽 허벅지 부상으로 쓰러지기 전까지 계속해서 주전 선수로 뛰었다. 메시는 2005년 12월 이탈리아 신문 '투토스포르트(Tutto Sport)'가 21세 이하 최고의 선수에게 수여하는 골든보이상(Golden Boy Award)을 받으며 당대 최고의 유망주임을 공인받았다. 2005-06시즌에 메시는 리그에서 6득점 2도움, UEFA챔피언스리그에서 1득점 1도움을 기록했다. 바르사는 주제 무리뉴 감독의 첼시를 탈락시킨 것을 시작으로 8강전에서 벤피카, 준결승전에서 AC밀란, 결승전에서 아스널을 꺾고 UEFA챔피언스리그 우승을 이뤘다. 비록 메시는 리그 막판 중요한 일정을 앞두고 전치 10주에 달하는 부상을 당해 경기를 소화하지 못했지만 바르사의 2관왕 달성 과정에 빼놓을 수 없는 수훈 선수였다. 레이카르트 감독이 메시에게 보낸 믿음과 메시를 성장시키기 위한 계획이 틀리지 않았다는 것이 입증된 시즌이었다. 2006-07시즌 메시는 호나우지뉴, 데쿠, 에토오 등이 심리적 문제로 침체기를 맞으며 바르사의 진정한 에이스로 거듭나기 시작했다. 시즌 중반 왼발 부상으로

이탈했지만, 2007년 3월 10일 레알마드리드와의 엘클라시코에서 해트트릭을 몰아치며 만 19세의 나이로 자신이 새로운 바르사의 에이스라는 것을 천명했다. 2007-08시즌, 만 20세의 메시는 이미 세계 최고의 선수 중 한 명으로 인정받게 됐다. 메시는 2006-07시즌 스페인 라리가 26경기에서 14득점 2도움, UEFA챔피언스리그 5경기에서 1득점, 코파델레이 1경기에서 2득점을 기록했다. 2007-08시즌에는 스페인 라리가 28경기에서 10득점 12도움, UEFA챔피언스리그 9경기에서 6득점 1도움을 기록했다. 두 시즌 모두 부상으로 뛰지 못한 시간이 적지 않았음에도 많은 공격 포인트를 기록하며 존재감을 과시했다.

메시의 전성 시대를 연 과르디올라

2007-08시즌 바르사는 성공한 팀의 허망한 몰락을 목도했다. 레이카르트 감독의 자율적인 지도 방식은 큰 성공을 이룬 선수들의 슬럼프를 통제하는 데 실패했다. 조안 라포르타 회장은 팀에 대대적인 개혁이 필요하다고 느꼈다. 호나우지뉴와 눈물의 작별을 결정했고, 레이카르트 감독의 사임도 결정됐다. 호나우지뉴가 달았던 에이스의 번호, 등번호 10번의 주인공이 메시라는 것은 예정된 수순이었다. 그 다음 문제는 차기 사령탑이었다. 라포르타 회장은 포르투와 첼시에서 지도력을 입증한 주제 무리뉴 감독과 바르사B팀을 성공적으로 이끌던 주제프 과르디올라 감독 중에 후임자를 고민했다. 최종 결정은 바르사의 축구 철학을 이미 꿰뚫고 있던 과르디올라 감독이었다.

과르디올라 감독은 철저히 팀의 규율과 전술, 철학을 중시한 감독이었다. 이에 따르지 않는 선수, 팀 보다 개인을 생각하는 선수는 냉정하게 정리했다.

과르디올라 감독은 부임 후 카를라스 푸욜, 차비 에르난데스, 안드레스 이니에스타 등 유스 출신 선수들을 주장단으로 임명했다. 팀을 떠난 호나우지뉴, 데쿠 등과 친하게 지냈던 메시에게는 차비, 이니에스타와 더 가깝게 지내면서 시간을 보내도록 유도했다. 메시는 조용하고 차분한 생활을 즐기는 차비, 이니에스타와 어울리며 호나우지뉴와 같은 화려한 스타가 걸었던 부정적인 전철을 밟지 않도록 관리를 받았다. 일각에서는 유스 출신이자 스타인 메시도 주장단의 일원으로 자격이 있다고 주장했으나 과르디올라 감독은 메시에게 지나친 책임감이 독이 될 수 있다고 여겼다. 과르디올라 감독도 메시를 세심하게 관리했다.

과르디올라 감독은 부임 후 선수단과 가진 첫 미팅에서 '질서와 규율'을 강조했다. 스코틀랜드 세인트앤드루스 대학에서 시작한 프리시즌 훈련에서 과르디올라 감독이 선수들을 향해 남긴 연설에는 이후 진정한 전성시대를 맞은 바르사 축구의 특징이 그대로 담겨 있다.

" "

제가 요구하는 것은 딱 하나입니다.
결정적인 패스를 잘못했다거나 헤딩슛을 놓쳤다고 해도 여러분이 전력을 다하는 한 실수를 탓하지 않겠습니다.
단, 바르사를 위해 혼신을 다하지 않는 선수는 결코 용납하지 않을 것입니다.
제가 여러분에게 요구하는 것은 좋은 결과가 아니라 좋은 경기력입니다.
마지못해 뛰거나 전력을 다하지 않는 선수의 경우 경기력을 분석하는 것은 아무 의미가 없습니다.
혼자 뛸 수 있는 선수는 아무도 없습니다. 함께 뛰는 선수, 함께하는 팀 동료가 필요합니다.
우리는 하나입니다. 파벌을 형성하고 분열하면 안됩니다. 분열이 있는 팀은 결국 깨지기 마련입니다.
이 회의실에 있는 선수들은 모두 실력이 출중합니다.
이런 선수들에게서 아무것도 끌어낼 수 없다면 그것은 지도자의 잘못입니다.
우리는 구단의 역사적 전통을 성실하게 계승하는 축구를 할 것입니다.
공을 잡았으면 상대팀에 뺏겨선 안됩니다.
만약 공을 빼앗겼다면 다시 가서 찾아오는 것이 바르사의 축구 스타일입니다.

Pep Guardiola *2008-2012*

루이스 판할 감독 체제에서 주장으로 뛰었던 과르디올라 감독은 감독이 그라운드 위의 선수를 지나치게 통제할 경우 전술적 경직성으로 인한 부작용이 크다고 느꼈다. 그는 치밀하게 경기 전략을 준비했으나, 경기장 위에서 선수들의 전술적 자유도를 존중했다. 과르디올라 감독은 부임 초기 우측면에 메시의 활동영역을 한정했으나, 차비와 이니에스타와 연계성을 높이면서 차츰 메시를 위한 공간을 늘려가는 유연한 전략을 만들어 갔다. 경기장 안에서뿐 아니라 밖에서도 메시를 배려했다. 부임과 함께 구단의 차출 의무가 없는 2008 베이징 올림픽 출전 문제에 대해 융통성 있는 결정을 내렸다. 바르사 측은 메시를 보낼 의무가 없다는 판결을 얻었으나 메시의 의사를 존중해 과르디올라 감독이 직접 베이징행을 허락했다. 메시는 자신을 배려하고 지지한 과르디올라 감독과 신뢰를 쌓았다.
과르디올라 감독은 2015년 4월 바이에른뮌헨의 감독이 되어 메시를 막아야 하는 상황이 되었는데, "메시를 막기 위한 수비 시스템이란 존재하지 않는다"고 말했다. 결과는 메시의 승리였다. 메시에 대한 전적인 신뢰는 바르사 감독 시절부터 꾸준했다. 그는 자신이 선수와 지도자로 살아오면 본 어떤 선수 보다 메시가 뛰어나다고 극찬했다. "메시의 왕좌를 노리는 이들에게 미안하다. 그는 모든 면에서 세계 최고다. 그는 오늘 해낸 것을 3일에 한번씩 할 수 있는 선수다." 과르디올라 감독은 메시의 능력을 극대화할 수 있는 전술을 고안했다. 바르사 수비수 제라르 피케는 과르디올라 감독 재임 기간 바르사의 전술은 메시를 통해 공격을 마무리하는 것에 집중되어 있었다고 말했다. "바르사의 팀 게임에 메시의 개인 능력이 가미된 식이었다. 바르사의 볼 점유 게임에 메시의 아주 빠른 스피드가 가미되어 잘 맞아 들었다."
과르디올라 감독은 모든 선수들을 공평하게 대했으나, 스타

선수에 대해서는 조금 다른 배려가 필요하다는 것을 배웠다. 모든 경기에 나서길 원하고, 골과 승리에 과도한 집착을 보이는 메시에 대해 이기적인 선수라는 시선을 가지고 있었지만, 바르사 소속의 특급 수구 선수였던 마넬 에스티아르테와의 대화를 통해 그의 야망을 긍정적으로 활용하고, 그를 팀에 맞춰 통제하기보다 잘 달래 기량을 끌어내는 것이 올바른 결정이라는 깨달음을 얻었다.

과르디올라 감독은 메시가 팀내 최고의 기량을 갖춘 선수, 축구 역사상 최고의 능력을 갖춘 선수라고 판단했고, 어린 메시가 자신의 능력을 팀에 모두 쏟아낼 수 있도록 정신적, 전술적 배려를 했다. 모든 경기에 나서길 원하는 메시에게 기회를 제공했고, 로테이션이 아닌 여유로운 휴가 일정으로 체력을 비축하도록 했다. 특별 대우였지만, 메시가 특별한 선수라는 점에 대해선 누구도 이의를 제기할 수 없었다. 메시 중심의 전술과 기용에 기회가 줄어든 몇몇 선수들은 불만을 갖고 팀을 떠나는 일이 발생하기도 했으나 결국 메시를 중심으로 한 바르사는 유례없는 성공 시대를 열었다.

과르디올라 감독의 메시 중심 팀 구축은 트로피 개수와 통계 수치를 통해 옳았다는 것이 검증되었다. 우선 2008년 여름 감독 부임 후 과르디올라 감독은 6개 대회 연속 우승을 차지하며 축구 역사상 전무한 '6관왕'을 이뤘다. 부임 첫 시즌 바르사를 스페인 클럽 사상 최초의 트레블(리그, UEFA챔피언스리그, 코파델레이)로 이끈 것에 이어 2009년 스페인과 유럽 챔피언 자격으로 출전한 UEFA슈퍼컵, 수페르코파 데 에스파냐, FIFA클럽월드컵 우승까지 해냈다. 2009-10시즌에 코파델레이와 UEFA챔피언스리그 타이틀 방어에는 실패했으나 2년 연속 라리가 우승을 이뤘다. 2011-12시즌 스스로 지휘봉을 내려 놓기까지 네 시즌 동안 14개의 대회에서 우승했다. 세 번의 라리가 우승, 두 번의 코파델레이 우승, 두 번의 수페르코파 데 에스파냐 우승, 두 번의 UEFA챔피언스리그 우승, 두 번의 UEFA슈퍼컵 우승과 두 번의 FIFA클럽월드커 우승까지. 리그 우승은 한 번 놓쳤고, UEFA챔피언스리그에서 우승을 놓친 두 번의 시즌에도 4강까지 올라갔다. 4년 간 총 247 경기를 이끌며 패배율이 8%에 불과했다. 과르디올라 감독의 바르사는 '무적의 팀'으로 불렸다. 그리고 이 모든 승리의 중심에 메시의 골이 있었다.

메시는 레이카르트 감독의 팀에 있을 때도 준수한 득점력을 보였는데, 과르디올라 감독이 부임하면서 축구 역사상 존재하지 않았던 놀라운 득점 기록들을 만들어내기 시작한다. 2008-09시즌에 리그에서 23골을 넣었고, 시즌 전체 51경기에서 38골을 넣은 메시는 본격적으로 '가짜 9번' 역할을 맡게 된 2009-10시즌부터 시즌 전체 득점수가 최소 40골, 리그 득점은 최소 30골을 넣었다. 2009-10시즌 리그 34골, 시즌 53경기 47골을 넣었고 2010-11시즌에는 리그 31골, 전체 55경기에서 53골을 넣었다. 과르디올라 감독과 함께 한 마지막 시즌인 2011-12시즌에는 유럽 축구사를 새로 썼다. 리그 37경기에서 50골로 라리가 한 시즌 최다 득점 득점왕 기록을 세웠고, 전체 60경기에서 73골을 넣었다. 2012년 한 해 동안 아르헨티나 대표로 출전한 A매치 경기를 포함해 총 91골을 넣어 1년간 최다 득점 기록으로 기네스북에 올랐다. 메시 자신도 신체적으로나 경험적으로 전성기를 맞았으나, 과르디올라 감독의 전술적 지원이 메시의 득점력을 가속시킨 것은 분명하다.

과르디올라 감독은 전술적으로 극도로 치밀한 준비를 했던 것으로 유명하다. 공을 최대한 오래 소유하는 것을 통해 경기를 통제하고, 상대에게 공격 기회를 내주지 않고 안정적으로 승리를 만들어낼 수 있다고 믿었다. 요한 크루이프 감독이 기틀을 세운 바르사식 토탈 사커에 더 강력한 전방압박 수비를 가미하고, 패싱 플레이를 더 세밀하게 만들어 '티키타카'의 전성 시대를 열었다. 공보다 빠른 선수는 없다. 과르디올라 감독은 짧은 패스로 빠르게 공을 돌리며 공을 지키고, 상대의 허점을 파고 들어 골을 만드는 축구를 구사했다. 상대의 수비를 벗겨내기 위해서는 예측 불가능한 패스 코스가 필요하고, 그러기 위해선 공 주변에 많은 선수가 포진해야 한다. 이를 위해 바르사는 수비 라인을 끌어 올려 중원 볼 소유 플레이에 가담시켰다. 상대에게 공을 내주면 5초 안에 다시 볼을 빼앗아 오는 전략은 상대 진영까지 최종 수비 라인을 높여 배후 공간을 공략당할 위험을 상쇄했다. 수비하는 시간을 최소화하고, 공 소유 능력을 극대화하기 위해 최후방 수비수와 골키퍼까지 몸싸움이나 태클, 볼 커팅과 선방 능력과 더불어 공을 자유자재로 다루고 정확하게 패스할 수 있는 능력을 요구받았다.

11명의 선수 전원이 패스 플레이에 능숙해야 했다. 중원에서 볼을 관리하고 뿌리는 역할은 차비와 아니에스타라는 라마시아 출신의 걸출한 선수들에게 부여되었고, 이들이 주도하는 패스 플레이의 마침표가 메시였다. 메시는 이들과 함께 콤비네이션을 이루며 차비의 경기 조율 능력과 패싱력, 이니에스타의 좁은 공간 탈압박 능력까지 자신의 것으로 만들었다. 차비는 메시에 대해 "수비수로도 최고"라고 말했는데, 과르디올라 감독이 요구한 전방 압박에도 적극적으로 관여하며 공격 지역에서 볼 탈취를 위한 움직임을 가져갔다. 메시는 차비와 이니에스타가 있는 중원 지역으로 내려와 패스 연결에 가담하다가 어느새 수비 뒤로 들어가 공을 잡고 마무리하며 수많은 골을 넣을 수 있었다. 때로는 짧았다가, 길었다가, 빨랐다가 느린 공의 변화는 메시에게 닿는 순간 불꽃이 튀겼다. 공을 따라다니다 지친 상대 수비는 메시의 번개 같은 드리블과 슈팅에 속수무책으로 당했다. 과르디올라 감독의 후임은 그의 오른팔이었던 티토 빌라노바였다. 빌라노바 감독은 과르디올라 감독의 전략이 공 소유 싸움을 완전히 포기하고 골문 근처에 진을 친 밀집 수비 전략에 고전하자 방식을 바꿨다. 전방 압박의 밀도를 낮춰 상대 팀이 더 쉽게 공격으로 나올 수 있게 했다. 상대 수비에 공간을 만들어 메시가 파고들게 했다. 이를 통해 메시의 득점력은 어느 정도 유지됐다. 2012-13시즌 리그 32경기에서 46골, 전체 50경기에서 60골을 넣었다. 경기당 한 골 이상을 넣는 선수가 됐다. 그러나 2013-14시즌에는 타타 마르티노 감독 체제에서 바르사도 부진했고, 메시도 부상에 시달리며 주춤했다. 전방 압박의 밀도가 여전히 낮았는데, 중원에서의 패스 연결 플레이도 다소 느슨해졌고, 수비적으로 갖고 있던 문제점만 더 크게 드러났다. 메시는 리그 31경기에서 28골 전체 46경기에서 41골을 넣으며 경기당 1골 이상의 득점력을 유지하지 못했다. 그러다 2014-15시즌 루이스 엔리케 감독이 수비 조직을 정비하고, 메시를 다시 오른쪽 측면으로 이동시키며 전술적 보완을 해주자 전체 57경기 58골로 회복했다.

2004-2005시즌 프로 선수로 데뷔한 이후 2020-2021시즌까지 17년 동안 라리가를 누볐고, 2022-23시즌까지 총 19년 동안 유럽에서 프로 선수로 활동하면서 메시는 축구사의 득점에 관련된 대부분의 기록을 갈아치웠다. 축구사는 메시 이전과 이후로 나뉜다고 해도 과언이 아니다. 바르사 선수로 총 778경기에서 672골, 아르헨티나 대표 선수로 175경기에 103골을 넣은 메시의 각종 기록 보유 현황은 다음 페이지에 상세히 정리했다.

메시를 위한 전술: 반대발 윙어와 가짜 9번

아르헨티나 축구는 스트라이커 뒤에 배치되는 10번 공격수에 대한 동경을 갖고 있다. 이 자리에 있는 선수는 공격의 중심으로, 공격 상황에서 가장 많이 공을 소유한다. 전후좌우 어디로든 향할 수 있고, 패스를 하고, 돌파를 하고, 슈팅을 할 수 있는 모든 위치를 선점한다. 노골적인 경기의 주인공이다. 그러나 21세기 축구는 10번의 시대에 종말을 고했다. 선수들의 신체 능력과 감독들의 수비 전술이 갈수록 발전하면서, 중원 지역의 강한 압박과 운동량은 기술이 좋은 10번 공격수들을 고립시키는 데 성공했다. 최전방 공격수들이 득점을 독식하던

RECOR

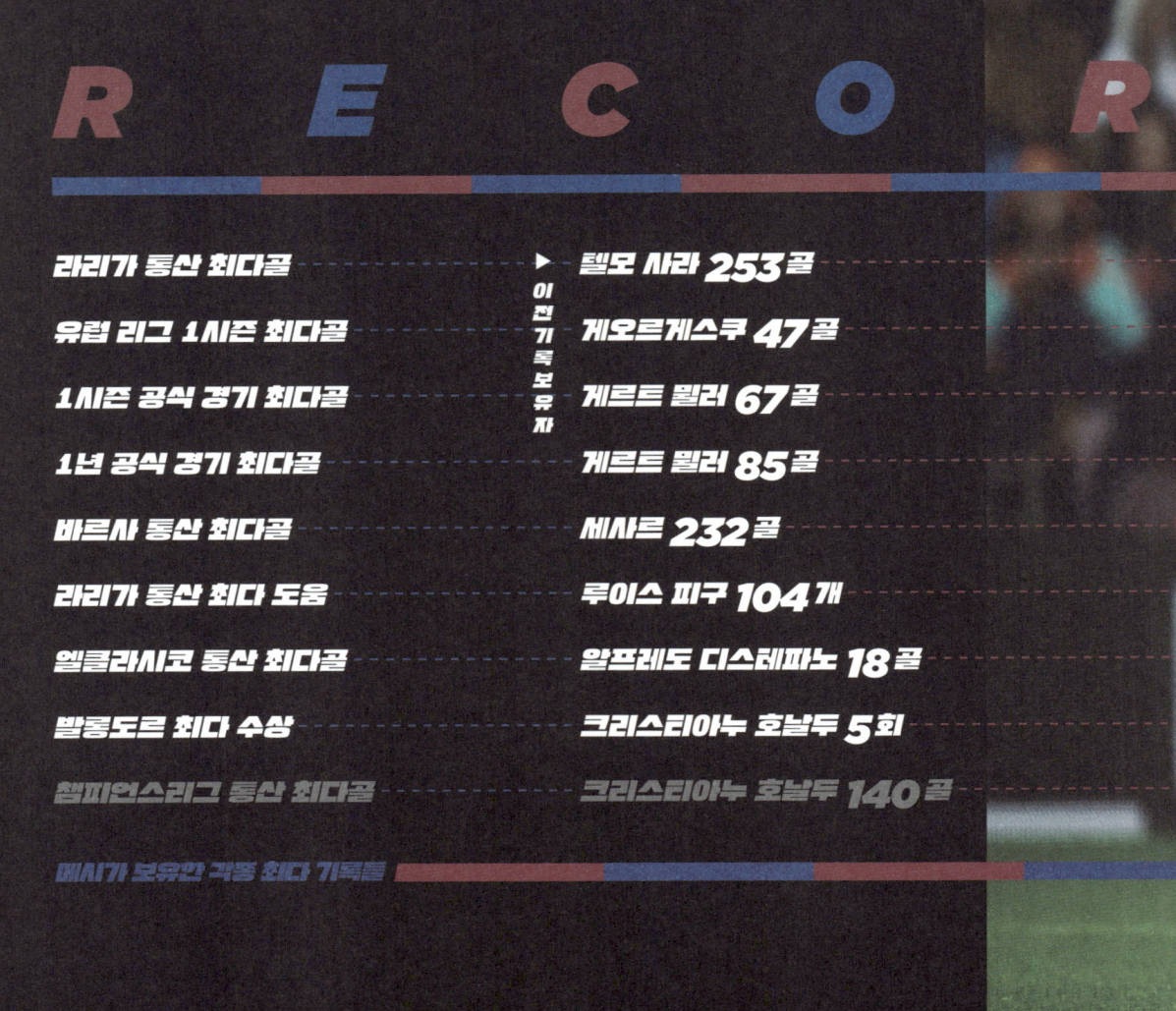

기록	이전 기록 보유자	
라리가 통산 최다골	텔모 사라	253골
유럽 리그 1시즌 최다골	게오르게스쿠	47골
1시즌 공식 경기 최다골	게르트 뮐러	67골
1년 공식 경기 최다골	게르트 뮐러	85골
바르사 통산 최다골	세사르	232골
라리가 통산 최다 도움	루이스 피구	104개
엘클라시코 통산 최다골	알프레도 디스테파노	18골
발롱도르 최다 수상	크리스티아누 호날두	5회
챔피언스리그 통산 최다골	크리스티아누 호날두	140골

메시가 보유한 각종 최다 기록들

시대도 지나갔다. 최소한 두 명이 배치되는 중앙 수비수와의 직접 경합에서 벗어난 측면 공격수들이 새로운 득점원으로 등장했다. 이제 날개 자리에 배치되는 공격수들은 측면을 파고들어 중앙 공격수에게 크로스 패스를 전달하는 배달부에서, 직접 문전 지역을 습격해 골을 넣는 역할에 집중하는 시대가 도래했다. 2000년대 중반부터 2010년대에 이르면서 왼쪽 측면에 오른발 잡이, 오른쪽 측면에 왼발 잡이 공격수를 배치하고 중앙으로 치고 들어오는 커트인(cut-in) 플레이로 슈팅을 노리는 공격 패턴을 시도하는 반대발 윙어 전술이 일반화됐다.

왼발잡이인 메시도 오른쪽 측면에서 이와 같은 역할을 했다. 유소년 팀에서는 측면에 배치되어도 중앙으로 이동해서 영향력을 발휘하는 것이 그리 어렵지 않았다. 그러나 더욱 더 극심한 압박과 몸싸움, 더욱 더 경쟁적인 경기가 펼쳐지는 성인 프로 경기에서는 그렇지 않았다. 메시는 바르사 훈련장에서 막을 수 없는 드리블을 선보이던 선수지만, 훈련장과는 달리 실전 경기에서 심판은 파울성 몸싸움에 훨씬 관대하며, 상대 선수도 메시가 부상당할 것에 대한 우려 없이, 어쩌면 부상 유발을 의도한 거친 태클을 서슴지 않는다. 중앙에서는 더 많은 수비를 상대해야 하고, 더 쉽게 상대에게 둘러 싸일 수 있는 위험이 있다. 레이카르트 감독은 포르투와의 친선전 이후 바르사B팀 선수를 대거 불러들여 샤흐타르도네츠크와 비공개 연습 경기를 치른 적이 있었는데, 이때 메시를 그가 원하는 10번의 자리에 기용해 지켜본 적이 있다. 메시가 가장 인상적인 플레이를 펼칠 때는 풀백과 맞서 중앙 공간을

GOALS BY MESSI

▶ 메시 기록
- 474골
- 50골
- 71골
- 91골
- 672골
- 192개
- 26골
- 7회
- 129골 : 2위, 1위와 11골 차이

파고들 때였다. 바르사 1군 구성도 호나우지뉴가 왼쪽에서 흔들고, 데쿠가 중앙에서 경기를 만든 뒤 에토오가 전방에서 마무리하는 패턴이 중심이었기 때문에 메시에게 부여될 수 있는 역할은 오른쪽 측면 공격수 자리뿐이었다. 메시를 위해 틀을 바꾸는 것은 팀에게나, 메시 본인에게나 무리수가 될 수 있었다. 메시는 오른쪽 측면 공격수 역할을 잘 수행했고, 2006-07시즌부터는 바르사의 주전 공격수로 완전히 자리매김했다. 메시는 2006-07시즌 전체 36경기에 나서 17골, 2007-08시즌에 전체 40경기에 나서 16골을 기록하며 약관의 나이에 이른 순간 이미 스페인 리그 최고의 공격수 중 한 명으로 인정받았다.

메시가 최고 중의 한 명 이상으로 발돋움한 것은 과르디올라 감독 체제에서 가짜 9번 역할을 맡으면서부터다. 트레블을 달성한 2008-09시즌 메시는 여전히 오른쪽 측면 공격수로 배치되었으나, 에토오를 떠나보내고 공격진 개편 작업에 나선 2009-10시즌부터 메시는 바르사의 최전방 공격수로 자신의 영역을 옮기기 시작한다. 신체조건과 기술력을 두루 갖춘 즐라탄 이브라히모비치와 팀의 공존에 실패한 과르디올라 감독은 2010-11시즌 메시를 스리톱의 최전방 꼭지점에 배치했다. 메시의 임무는 전통적인 9번 공격수와 달랐다. 일명 '가짜 9번'으로 불리는 역할이었다. 과르디올라 감독은 '가짜 9번'이야말로 메시의 능력을 극대화해서 활용할 수 있는 포지션이라고 판단했다.

'가짜 9번'이란 팀의 최전방 공격수 자리에 위치하지만 실제로는 그 자리에서 상대 수비수들과 경합하고, 골을 노리는 것이 아니라 2선 배후 공간으로 내려와 공격형 미드필더에 가깝게 뛰는 역할을 뜻한다. 현대 축구에서 포백(Back 4)과 스리백(Back 3)은 결국 최후방 수비 라인에 센터백을 몇 명을 배치하느냐가 중요하다. 포백은 두 명의 풀백을 제외한 두 명의 센터백이 문전을 지키고, 스리백은 세 명의 센터백이 문전에 배치된다. 포백은 넓은 범위를 커버하고, 미드필더 숫자를 늘릴 수 있다는 점에서 더 공격적이라고 볼 수 있지만, 스리백 역시 문전 지역을 보다 밀착 방어하고, 좌우 풀백을 더 높은 지역에 배치해 얼마든지 공격적으로 운영할 수 있다. 결국 핵심은 상대 공격수를 몇 명이서 막느냐다. 기본적으로 한 명의 중앙 공격수를 수비할 때 포백이 효과적이고, 두 명의 중앙 공격수를 배치한 투톱 전형을 상대할 때 스리백이 더 효과적이다. 수비는 기본적으로 상대 공격보다 수적 우위를 점하는 것이 중요하다. 원톱일 경우 좌우 측면 공격수가 스리톱을 형성하며 전지하기에 포백 라인이 3명의 공격수에 대응하는 식이다.

'가짜 9번' 전술은 스리톱의 변형이라고 할 수 있다. 최전방 공격수의 자리에 있는 선수가 전방이 아니라 2선으로 내려오면 문전에 있는 두 명의 센터백이 그를 막기 위해 따라 내려갈 수밖에 없다. 이렇게 생긴 공간으로 좌우 측면 공격수들이 파고들어 슈팅 기회를 창출한다. 가짜 9번 선수가 움직이는 것을 신경 쓰지 않고 문전에 머무른다면 방어 선수 없이 잉여 자원으로 남게 된다. 가짜 9번을 기용한 팀은 중원에서 수적 우위를 점하고, 슈팅 코스를 찾을 수 있다. 막으러 가도 허점이 생기고, 가지 않아도 허점이 생기는 딜레마에 빠지게 된다. 메시는 가짜 9번 역할을 최대치로 수행했다. 2선으로 수비를 끌고 나와 측면 공격수, 중앙 미드필더와 유기적인 패스를 주고받으며 공간을 창출했고, 그렇게 생긴 공간을 돌파했다. 어느 위치에서든 정확하게 골문 구석을 찌를 수 있는 왼발 슈팅력을 갖췄기에 상대가 2선으로 따라붙지 않으면 원거리에서 골문을 겨냥했고, 따라서 올라오면 드리블로 제치고 문전으로 진입해 득점했다. 자신에게 과도하게 수비가 몰리면 빈 공간이 생긴 동료에게 패스를 해서 어시스트를 기록했다. 알고도 당할 수밖에 없는 전술이었다.

메시에게 가짜 9번 역할을 처음 시킨 것은 과르디올라 감독이 아니었다. 2001-02시즌 바르사 유소년 팀을 맡았던 티토 빌라노바 감독이 메시를 최전방에 배치하고, 스트라이커였던 바스케스와 미드필더 세스크 파브레가스를 메시의 뒤에 배치한 전술적 실험을 했다. 메시는 파브레가스의 패스를 받아 바스케스가 만들어준 공간을 활용하며 활발한 움직임을 통해 많은 골을 넣었다. 메시의 훌륭한 전술 수행 능력에 감탄한 빌라노바 감독은 렉사흐 단장에게 찾아가 "우리 팀에 천재가 있다"고 알렸는데, 렉사흐 감독 본인이 메시의 계약을 성사한 인물이었기에 "누구를 말하는지 이미 알고 있다"며 웃었다. 빌라노바 감독은 과르디올라 감독이 1군에 부합했을 때 오른팔 역할을 한 코치였다. 빌라노바의 아이디어가 과르디올라 감독의 메시 기용 방식에 영향을 미쳤을 가능성이 높다.

그러나 영원히 통하는 전술은 없다. '가짜 9번' 전술을 막기 위한 수비 전술의 고민이 이어졌다. 주제 무리뉴 감독은 레알마드리드에 부임해 엘클라시코 승리를 위한 전술을 연구했다. 2선으로 내려가 센터백을 혼란스럽게 만드는 메시를 막기 위해 센터백을 공격형 미드필더 포지션에 배치해 수비하게 만드는 대응법을 찾았다. 레알은 센터백 페페를 수비형 미드필더 자리가 아닌 공격형 미드필더 자리에서 수비하도록 했다. 2선으로 내려간 메시를 압박하고 괴롭히는 것은 물론, 차비 에르난데스나 세르히오 부스케츠 등 메시에게 공을 공급하는 이들의 루트를 차단하며 메시의 영향력을 떨어지게 만들었다. 중원에 터프한 수비수를 배치해 가짜 9번 공격수를 방어하는 것은 무리뉴 감독의 시도 이후 크게 유행했고, 이후 바르사의 우승 행진에도 제동이 걸렸다. 메시는 계속해서 골을 넣었지만 큰 경기에서 어려움을 겪는 경우가 점차 늘어났다.

2014-15시즌 바르사에 부임한 루이스 엔리케 감독은 다시 메시를 오른쪽 측면으로 이동시켜 전면 압박과 집중 견제로부터 자유롭게 해주었다. 메시는 오른쪽 측면으로 돌아갔으나 반대편으로 길게 넘겨주는 볼 배급 능력이 발전했고, 자연스럽게 중앙 미드필더 포지션에서 경기 전체를 조율하다가 네이마르, 루이스 수아레스 등 동료 공격수들이 만들어준 공간을 치고 들어가 득점을 만들었다. 과거 즐겼했던 오른쪽 측면 라인을 타고 문전 중앙으로 치고 들어가 득점하는 패턴 플레이는 더 정교해졌다. 상대 수비 전술과 축구 전술 트렌드에 따라 메시를 활용할 수 있는 전술은 바뀌어 왔다. 기존에 통하던 방식, 같은 방식 만을 고집하기보다 계속해서 새로운 아이디어를 찾아낼 수 있었던 좋은 감독을 만날 수 있었던 것도 메시의 활약에 큰 도움이 되었다.

05

MSN 트리오

메시가 맞은 또 하나의 변화는 전술적 접근법이다. 과거 메시는 몇몇 공격 파트너와 마찰을 빚었다. 공격 전술의 중심 역할을 차지하겠다는 내부 갈등이 있었다. 메시와 불협화음을 이룬 선수들은 차례로 팀을 떠났다. 2010년에는 중앙 공격수 자리를 두고 의견이 달랐던 즐라탄 이브라히모비치가 AC밀란으로 이적했다. 2013년과 2014년에는 측면에서의 수비 가담과 메시에 대한 득점 집중에 피로감을 느낀 다비드 비야와 알렉시스 산체스가 바르사를 떠났다. 그리고 2013년 여름 네이마르, 2014년 여름 루이스 수아레스가 차례로 영입되었다. 메시는 두 명의 탁월한 스타 플레이어의 합류 후 더 이상 공격 중심 자리를 두고 경쟁을 벌이려는 생각을 하지 않았다. 이들이 성공적으로 팀에 적응하도록 돕고, 함께 시너지 효과를 내기 위한 방법론 찾기에 골몰했다. 두 선수 모두 남미 출신으로 문화적으로나 언어적으로 메시와 친했다. 평소 메시에 대한 존경심을 갖고 있던 선수들이기 때문에 조화를 이루는 과정에도 문제가 없었다. 네이마르는 공을 독점하고 드리블이 많은 선수라는 편견을 깨고 입단 초기부터 메시에게 집중적으로 공을 전달하며 빠르게 팀에 녹아 들었다. 수아레스 역시 2014년 10월 레알마드리드와의 엘클라시코 경기부터 출전했는데, 득점 보다는 도움에 집중하는 모습을 보였다.

메시는 "난 행운아다. 대단한 공격수들과 지난 시간 동안 호흡을 맞춰봤다. 호나우지뉴와 위대한 커넥션을 이뤘다. 사뮈엘 에토오, 티에리 앙리, 페드로, 비야, 산체스 같은 선수들과도 함께 해봤다"며 과거의 동료들에게도 존경과 감사를 표했다. 그러나 네이마르, 수아레스와 함께 짝을 이룬 일명 'MSN 트리오'가 역사상 최고의 공격 조합이라고 자평했다. "하지만 과거의 공격 조합은 네이마르, 수아레스와의 라인업만큼 대단하지는 않았다. 두 선수는 그들 스스로 최고의 경기를 한다"

메시는 네이마르, 수아레스와 자유롭게 공을 주고받고 서로

기회를 만들어주며 조합을 맞췄다. 메시는 2014-15시즌 라리가에서 기록한 18개의 어시스트를 두 공격 파트너에게 집중시켰다. 네이마르에게 8도움, 수아레스에게 5도움을 했다. 두 선수 역시 마찬가지였다. 수아레스도 14개 어시스트를 기록했는데, 메시에게 7개의 도움, 네이마르에게 4개의 도움을 했다. 네이마르는 7개의 도움 중 5개를 메시에게 주었다. 트레블 달성의 꽃이었던 UCL 무대에서도 메시와 네이마르가 각각 10골, 수아레스가 7골을 넣었다. 어시스트도 서로가 주고받았다. 메시는 5개 도움 중 3개를 네이마르에게 했고, 수아레스는 3개 도움 중 2개를

" "

내가 나중에 중앙 미드필더로 뛰는 것도 있을 수 있는 일이다.

많은 선수들이 축구 경력의 마지막에 가서는 더 깊은 포지션으로 내려가는 이동을 하곤 한다.

축구 경력을 연장하며 뛰는 많은 선수들이 있다.

여러 다른 위치에서 뛰면서 항상 폭발적인 모습을 내지 않고

스피드를 활용하지 않아도 되는 위치로 가는 것이다.

내게도 옵션이 될 수 있다. '아웃-앤드-아웃 미드필더'로 변하는 것이다.

난 이미 많은 경기를 미드필드에서 뛰어봤고, 그곳에서 많은 지역을 커버해봤다.

난 특정 포지션을 선호하지 않는다.

공격수, 처진 공격수, 미드필더로 뛰는 것 모두 행복하다.

다만 내가 바라는 것은 계속해서 뛸 수 있는 것뿐이다.

네이마르, 1개를 메시에게 했다. 코파델레이 무대에서도 MSN 트리오는 14골을 합작했다.

메시 자신도 MSN 트리오를 자신이 맞춰본 최고의 공격 조합이라고 말했다. 그는 그 이유로 "경기장 밖에서도 서로의 관계가 아주 좋다"는 점을 꼽았다. 축구도 결국 사람의 일이다. 인간적으로 친밀해야 경기장 안에서의 호흡도 더 좋을 수밖에 없다. MSN 트리오는 자신이 득점자가 되겠다는 이기심이 크지 않고, 서로의 영역과 역할에 대한 존중과 분담이 확실하다. 메시는 "전에도 네이마르의 능력에 대해 말한 적이 있다. 터치와 피트니스, 그는 세계 최고의 선수가 될 수 있다. 수아레스도 마찬가지다. 그의 터치, 시야, 움직임, 본능적인 플레이는 믿기 어렵다. 우리 모두 다른 것을 제공하고, 서로를 더 잘 할 수 있게 만들어준다"며 MSN 트리오의 강점을 직접 자랑했다. 네이마르는 왼쪽 측면에서 가운데로 들어가며 자신의 장기인 드리블과 슈팅을 뿌리고, 메시는 오른쪽 측면에서 역습의 기점이 되거나, 중앙으로 들어와 경기 전체를 조율하는 볼을 배급하고, 때로는 문전으로 침투해 득점한다. 수아레스는 최전방에 자리하지만 공을 기다리지 않고 공간 만들기 위해 뛰어다닌다. 이렇게 생긴 공간을 네이마르와 메시가 잠식하고, 이들은 또 수아레스에게 좋은 기회가 생기면 주저 없이 킬패스를 보내준다.

바르사를 거친 모든 공격수들이 세계 최고 수준이었지만, MSN 트리오는 나란히 전성기의 시점에 팀에 모였고, 과거 공격수들이 갖춘 덕목을 모두 갖추고 있는 무결점 공격 라인이다. 바르사의 역대 공격 조합 중 가장 많은 득점(122골)을 합작한 만큼 기록적으로도 최고임을 입증했다.

메시는 당시 이것이 시작에 불과하다며 함께할 미래가 더 기대된다고 말했다. "우리는 셋에서 이제 겨우 한 시즌을 보냈다. 여전히 파트너십을 높이기 위해 할 일이 많다. 우리는 다 함께 더 발전할 수 있다."

메시는 과거 수많은 골을 만들어내는 과정에서 선배인 차비와 이니에스타의 도움을 많이 받았다. 시간이 지나 자신도 과거의 차비처럼 볼을 배급하고, 이니에스타처럼 연결해주며 팀 공격 전체를 지휘하고 리드해야 하는 입장이라는 것을 잘 인지했다. 바르사에 점점 신참 선수들이 들어오고 있고, 메시는 이들의 도움을 받기 위해서는 먼저 도움을 주고 중심을 잡아줘야 한다는 것을 누구보다 잘 이해했고, 경기를 통해 그 이해도를 보여주었다.

아르헨티나 대표팀에서도 마찬가지다. 메시는 2015 코파 아메리카에서 자신의 득점이 아닌 팀의 득점을 위한 도우미 역할에 더더욱 집중했다. 바르사에서 차비와 이니에스타가 하던 역할을 모두 수행하는 것은 물론, 메시 자신의 역할까지 해내는 1인 3역으로 아르헨티나를 결승전에 진출시켰다. 메시는 상황에 따라 최고의 경기력을 낼 수 있는 방법론을 찾았다. 메시는 모든 포지션을 수행할 수 있는 축구 지능과 기술을 갖고 있다. 이러한 면모는 어린 나이에 바르사로 건너오기 전, 아르헨티나 뉴웰스 유소년 팀에서 뛰던 시절이 이미 확인됐다. 당시 메시를 지도했던 가브리엘 디헤롤라모 코치는 "기술적으로 메시는 어떤 선수들에게서도 본 적 없는 재능을 보였다. 그는 내가 포지션을 바꿀 때마다 잘했다. 피치의 모든 지역에서 잘 적응했다. 한번은 스위퍼를 시켰는데 평생 스위퍼를 본 선수처럼 뛰었다"고 회고했다.

메시는 나이가 들어감에 따라 자신의 근력과 체력이 떨어지고, 과거처럼 폭발적인 드리블을 할 수 없는 선수가 되리라는 것을 알고 있다. 브라질의 축구 스타 호나우두도 큰 부상과 체중 증가 이후 간결한 스타일로 변해 활약을 이어갔고, 직속 선배인 호나우지뉴도 현란한 드리블보다 창조적인 패스와 볼 배급, 킥력 강화를 통한 미드필더형 선수로 변신해 선수 경력을 오래 이어갔다. 메시도 자신이 언젠가는 다른 역할을 맡아야 한다는 것을 생각하고 있었다. 메시는 자신이 홀로 모든 선수를 제치고 골을 만드는 일보다, 축구를 하는 것 그 자체에 대한 애정이 강한 사람이다. 메시는 변화와 도전을 두려워하지 않는다. 늘 최선과 최고를 위한 해결책으로 향한다.

06

메호대전

메시는 경기장 밖에서 말수가 적고 수줍은 소년의 이미지로 유명하다. 어린 시절 메시에 대한 일화 대부분은 경기장 위에서는 폭발적이었으나, 경기장 밖에서는 극도로 말이 없던 인물로 그려진다. 바르사 유소년 팀에서는 제라르 피케와 세스크 파브레가스가 "말을 못하는 줄 알았다"고 할 정도로 초기에 동료들과 교류가 많지 않았다. 물론 몇 번의 해외 원정 경기를 거치며 친해졌지만, 여전히 메시는 수다쟁이와 거리가 멀었다. 다만 확실한 것은 메시가 다른 이들보다 더 강한 승부욕을 가진 아이였다는 점이다. 메시의 유별난 승부욕은 그의 끝없는 성장과 경이로운 득점행진의 진짜 동력이다.

메시는 자신의 세 번째 생일 선물로 뉴웰스의 상징색깔인 빨간색과 하얀색의 다이아몬드 모양으로 구성된 축구공을 받았다. 그러나 경기 중에는 누구도 축구공을 선물해주지 않았다. 자기 힘으로 얻어야 했다. 공을 다루는 데 천부적인 재능을 보인 메시는 먼저 그 공을 확보하는 법부터 배워야 했다. 형제, 사촌들과 섞여 처음 축구를 시작한 메시는 자기보다 나이도 많고,

체구도 큰 형들로부터 배려를 받지 않았다. 공을 갖기 위해선 온 힘을 다해 달려들어야 했다. 클라우디오는 공을 갖기 위해 달려들던 메시를 "토마토처럼 얼굴이 빨갛게 변해 뛰어다녔다"고 기억했다. 형들이 가진 공을 빼앗아 오기 위해 전력을 다해 뛰어다니면서 핏대를 올린 메시의 모습에 대한 기억이다. 형제들보다 왜소한 체구의 메시는 힘이나 우격다짐이 아닌 기술로 공을 빼앗아야 하는 어려운 과제를 해결해야 했다. 어린 메시는 포기하는 법을 몰랐지만 지는 일이 많았고, 지고 나면 늘 울었다. 승리 외엔 위로가 되지 않았다. 메시는 이길 때까지 달려들었다. 결국 공을 차지했을 때, 메시는 그 공을 절대 쉽게 내주지 않았다. 메시는 아르헨티나 신문 '엘그라피코(El Grafico)'와 가진 인터뷰에서 형제들 사이의 축구 시합은 결코 우호적인 분위기로 진행되지 않았다고 말했다.

> 항상 배드 엔딩이었다. 늘 싸움이 있었다.
> 어느 쪽이 이기든 마무리가 나빴다. 나랑 함께 하는
> 시합에서는 누군가 울거나 화를 내거나 그랬다.

메시가 승부욕을 보인 분야는 축구만이 아니었다. 부친 호르헤는 "메시는 그 어떤 게임에서도 지는 것을 싫어했다"고 말한다. 모친 셀리아는 "어릴 때는 집에서 굉장히 버릇없는 아이였다. 가족끼리 카드 게임을 할 때도 속임수를 써서 이기려고 했다. 아무도 메시와 게임을 같이 하고 싶어하지 않았다"며 카드 게임에 얽힌 일화를 공개했다. 메시는 카드 게임에서 지고 나면 모든 카드를 던져버리고는 학교에 가지 않겠다고 성질을 부리고 버텼다. 축구 게임이든, 카드 게임이든 지고 나면 분을 참지 못했다. 그러다 한번은 가족 전체에 혼이 났다. 집 밖으로 내쫓겼는데, 메시는 문에 돌을 던지고 발길질을 하며 성을 냈다. 메시의 부모는 낮이 될 때까지 문을 열어주지 않았다. 메시의 불 같은 성미를 다스리기 위해 엄하게 교육하고 책임감을 가르쳤다. 더 자라고 나서는 그런 일이 없었지만, 승부욕만큼은 그대로 몸 안에 자리하고 있었다. 메시에게 패배는 그저 분하거나 싫은 감정 이상의 혐오 대상이었다. 그렇다고 어린 메시가 응석받이였던 것은 아니다. 메시는 아주 사소한 부분까지도 어린 나이에 프로답게 행동했다. 매일 훈련하고 경기하고, 대회나 경기의 경중에 관계없이 똑같이 준비했다. 어느 누구의 도움도 없이 신발을 빨고 천으로 닦고 솔로 털어낸 뒤 발목 테이핑도 직접 했다. 메시는 패배에 아주 민감하고 적극적으로 반응했다. 바르사 유소년 팀에 속했던 시절에도 패배 이후 분노의 드리블로 적지 않은 일화를 남겼다. 바르사 유소년 팀은 2003년 일본에서 열린 U-17 인터내셔널 유스 풋볼 챔피언십에 참가했을 때 페예노르트와의 첫 경기에서 15분 만에 선제골을 내줬다. 당시 감독이었던 기예르모 오요스는 경기를 뒤집은 것은 '분노의 메시'였다고 기억했다. "메시는 대단히 화가 났고, 팀도 경기에 몰입하지 못했다. 30분 정도 지났을 때 동료들에게 공을 요구한 메시는 네 명의 수비수를 제치고 골키퍼까지 제친 뒤 송고에게 킬러 패스를 보내 득점을 도왔다." 메시는 대회 최우수 선수로 뽑혔고 이어진 여러 대회에서 MVP를 섭렵했다. 이탈리아에서 열린 산 조르조 델라 리킨벨다(San Giorgio della Richinvelda) 대회에서도 MVP였는데, 5경기에서 무려 35골을 넣었다. 그러나 이 대회 기간 중 메시는 페널티킥을 한 번 실축했다.

페널티킥 실축은 심리적으로 적지 않은 데미지를 남기고, 실축의 기억 이후 차는 것 자체를 꺼리는 선수들도 적지 않다. 하지만 메시는 무엇이든 회피하지 않는 성미를 가졌다. 실축 이후 매일 페널티킥을 연습했고, 재도전했다. 오요스 감독은 메시의 강한 성격을 높이 평가해 종종 주장 완장을 맡겼다. "메시는 아주 조용한 아이였지만, 자연스러운 리더였다." 승부를 향한 메시의 열정이 자연스레 팀원 전체를 이끄는 솔선수범 리더십으로 발현된 것이다. 바르사B팀에서 메시를 지도한 그라타코스 감독은 메시가 훈련 중에도 남다른 승부욕과 열정을 보였다고 기억한다. "훈련 세션에도 입이 떡 벌어질 만한 일이 벌어졌다. 메시는 언제나 이기길 바랐고, 훈련 중이나 미니 게임에서도

그랬다. 그의 동기 부여는 비범했다. 메시에게 이런 얘기를 해줬다. '훈련장에서 보이는 그런 열정을 경기마다 보여준다면 누구도 우리를 꺾지 못할 거야.' 메시는 그 말대로 선수 경력을 지속했다. 바르사 1군 팀에서 훈련 중 메시를 상대해야 했던 네덜란드 대표 출신 풀백 판브롱크호르스트는 "훈련장에서 메시와 호나우지뉴를 상대해야 했다. 둘 모두 매번 공을 잡을 때 이번이 마지막 기회인 것처럼 뛴다. 매 훈련마다 대단한 동기부여를 가진 채 임했고, 모든 공격에 최선을 다했다. 훈련을 할 때도 행복해하고 웃으면서 뛰지만 막을 방법이 없었다"며 메시와의 훈련을 회고했다. 메시보다 훨씬 나이가 많은

바르사 1군의 동료들은 "메시는 11 대 11의 미니게임에서 마치 인생이 달린 사람처럼 뛰었다. 그런 메시에게 기회를 주지 않는다는 것은 상상할 수 없었다"고 말한다. 실제로 바르사 선수들이 훈련장에서 누구보다 불타는 모습을 보인 메시를 보고 프랑크 레이카르트 감독에게 "메시를 프로 경기에 투입해야 한다"고 권하고 나설 정도였다.
메시는 언론과의 인터뷰에서 크리스티아누 호날두와의 경쟁에 대한 질문이 나올 때면 늘 "팀과 팀의 대결일 뿐, 호날두와 경쟁한다고 생각하지 않는다"며 일축했다. 자신의 플레이에만 집중한다며 언제나 호날두를 경쟁 상대로 여기지 않는다고 말해왔다. 그러나 함께 스페인 프리메라리가 무대에서 활동하면서 모든 대회에서 우승과 득점왕 타이틀을 겨룬 호날두에 대해 전혀 의식하지 않을 수는 없다. 사실은 호날두의 계속된 추격과 득점이 메시가 더더욱 경기 출전과 득점에 대해 더 높은 목표를 잡게 한 숨은 동인이었다는 것을 부인할 수 없다. 스페인 축구 사정에 능통한 기옘 발라게는 메시가 호날두에 경쟁심을 보였다는 것을 주제프 과르디올라 감독의 평전을 통해 공개했다.
바르사는 2010-11시즌 리그 종료 두 경기를 남기고 우승을 확정했다. 호날두와 득점 선두 자리를 다투던 메시는 오사수나와의 33라운드 경기에서 31호골을 넣은 뒤 더 이상 득점하지 못했다. 오사수나전에도 교체로 투입되었고, 데포르티보라코루냐와의 37라운드 경기, 말라가와의 38라운드 최종전에는 아예 결장했다. 라리가 타이틀을 내준 레알마드리드의 호날두는 리그 마지막 4경기에서만 11골을 몰아치며 메시를 제치고 총 40골로 라리가 득점왕에 올랐다. 바르사의 리그 우승 파티는 메시가 출전하지 않은 데포르티보전을 치른 2011년 5월 15일에 열렸다. 메시는 경기 종료 후 호날두가 프리킥으로만 두 골을 기록하며 38호골 득점에 성공했다는 사실을 알고는 불쾌감을 숨기지 못했다. 파티에 함께할 생각이 없어 그대로 집으로 돌아가버렸다. 메시의 개인 트레이너로 수년간 함께 해 막역한 사이인 브라우 코치가 메시를 간신히 설득해 다시 데려와 메시가 포함된 우승 기념 사진을 재촬영 할 수 있었다.

득점 기록에 대한 메시의 집착은 다음해 2011-12시즌 리그 37경기 50골이라는 유럽 빅리그 역사상 한 시즌 최다골 신기록으로 이어졌다. 총 60차례 공식 경기에서 73골을 기록한 메시는 2012년 한 해 동안 국가 대표 경기를 포함해 91골을 성공시켜 한 해 공식 경기 최다골 기록으로 기네스 북에 등재됐다. 호날두에게 내준 '득점왕' 타이틀을 되찾아 왔다. 원 없이 골 맛을 본 메시는 이제 골보다 트로피에 더 목말랐다. 자신이 많은 골을 넣는 것이 반드시 승리로 이어지지 않는 것을 깨닫게 하는 경험이 이어졌다. 2014-15시즌 메시는 리그 43골로, 48골을 넣은 호날두에게 득점왕 자리를 내줬다. 그러나 총 18개의 어시스트로 라리가 도움왕에 올랐다. UEFA챔피언스리그 결승전에서 자신의 득점 없이 유벤투스를 꺾고 정상에 올랐으나 만면에 미소가 가득했다. 동료들에게 득점 기회를 만들어주는 것으로도 충분히 만족했다. 그 자신도 자신의 득점이 모두 동료의 도움 덕분이라는 것은 마음 속 깊이 이해하고 있다. 메시는 2015년 4월 스페인 스포츠지 '마르카(Marca)'와 가진 인터뷰에서 해트트릭을 달성한 공을 개인 진열장에 전시하는 진짜 이유에 대해 설명했다.

해트트릭을 했던 축구공을 개인 진열장에 보관하고 있다. 해트트릭이라는 사실보다 더 특별한 것에 대해 생각하고 있기 때문이다. 공보다 아름다운 것은 바로 공에 새겨진 동료들의 사인이다. 그 사인이 팀원 전체를 기억하도록 해준다. 동료들이 없었다면 할 수 없었던 일이다. 동료가 없이 혼자만의 힘으로는 어떤 것도 해낼 수 없다. 해트트릭을 달성하는 과정에는 동료들의 기여가 아주 컸다.

아르헨티나 대표팀의 주장으로 나선 2015 코파 아메리카에서도 득점보다 도움을 올리는 플레이에 주력했다. 득점이 부족하다는 지적에 "우리 팀이 완벽한 경기를 하고 있기 때문에 내 개인 득점이 없는 것에 대해서는 전혀 신경 쓰지 않는다"고 말했다. 성공과 시련을 반복하며 성숙해진 메시는 "개인 기록보다 팀의 승리와 우승에 신경 쓰고 있다"고 말한다. 2014 브라질 월드컵 결승전에서 패한 뒤 골든볼을 수상해 대회 최고의 선수로 인정받고도 전혀 기뻐하지 않았던 메시는 2015 코파 아메리카에서도 개인의 영광에 관심이 없는 모습을 보였다. 대회 첫 경기였던 파라과이와의 경기에서 2-2로 비긴 뒤 경기 최우수 선수상을 받기를 거부했고, 승부차기 끝에 결승전에서 패한 뒤에는 대회 공식 MVP 트로피도 받기를 거절했다. 메시가 끝끝내 거절하면서 결국 2015 코파 아메리카는 공식 MVP가 없는 대회로 마무리되었다. 그 어떤 개인적 성과도 메시에겐 팀의 성과 없이 의미 없는 일이 된 것이다. 팀의 우승에도 개인 트로피를 챙기지 못해 분해하던 모습은 더 이상 없다. 철부지 같은 모습을 보였던 2011년 이후 4년의 시간이 지난 2015년, 축구 통계 전문 매체 '스쿼카(Squawka)'와의 인터뷰에서 메시는 자신의 관심이 바뀌었다고 강조했다.

"

내 목표는 항상 팀을 위해 우승컵을 드는 것이다.
승리가 언제나 나의 동기부여다.
팀으로 승리하는 것보다 더 기분 좋은 일은 없다.
훈련이든 경기 중이든,
트로피를 따는 것이 내가 상상하는 최고의 삶이다.
지금까지 이룬 만큼 앞으로도 이 팀에서
가능한 많이 달성하고 싶다.

"

호날두는 자신을 적대시하는 팀과의 경기에서 "메시!"라는 외침으로 도발을 당하곤 한다. 메시가 호날두보다 많은 개인상을 수상하고, 우승 트로피도 더 많이 섭렵했다. 세간의 평가도 메시에 대해 높은 평가를 내리는 이들이 더 많다. 메시는 동시대의 호날두만이 아니라, 펠레, 마라도나 등 역대 최고의 선수들과 비교되는 경우가 더 많다. 두 선수는 서로에 대한 경쟁심이 강하지만, 막상 공개 석상에서는 생각보다 사이가 나쁘지 않다는 것을 보여준 일화가 있다. 2015년 1월 스위스 FIFA 본부에서 진행된 FIFA 발롱도르 시상식장에서의 일이다. 호날두의 아들이 메시를 보고서 악수를 하고 싶어한 것. 호날두의 아들 호날두 주니어는 호날두에게 허락을 받고서 메시에게 다가가 악수를 청했고, 메시도 호날두 주니어의 머리를 쓰다듬어 주며 반갑게 맞아주었다. 호날두는 메시에게 "아들이 우리가 뛰는 경기를 많이 본다. 특히 당신 이야기를 많이 한다"고 이야기를 해주었다. 호날두 주니어는 아빠만큼이나 메시의 플레이를 좋아했던 것이다. 둘의 불타는 경쟁심도 각자 아버지가 되고 나서는 누그러진 모습이다. 두 살 차이로 비슷한 인생의 행로를 걷고 있는 둘의 '엘클라시코 메호 대전'은 2018년 여름 호날두가 레알마드리드를 떠나 유벤투스로 이적하며 끝났다. 바르셀로나와 유벤투스가 챔피언스리그 조별리그에서 격돌하는 대진표가 구성되기도 했으나 큰 사건은 되지 않았다.

2021년 여름 메시가 바르셀로나를 떠나 파리생제르맹으로 향했고, 같은 여름에 호날두는 맨체스터유나이티드로 복귀했다. 메시가 파리에서 첫 해 고전한 반면, 호날두는 건재한 득점력을 보였으나 두 선수는 더 이상 유럽 전역을 뒤흔드는 득점 기계 같은 모습을 보이지 못했다. 이제 킬리안 음바페와 엘링 홀란이 차세대 축구 황제를 다투는 득점 괴물로 떠오르고 있었다. 마지막 메호대전은 2022 카타르 월드컵을 걸고 펼쳐졌다. 호날두가 포르투갈 대표팀의 주장으로 유로2016 대회에서 우승하며 메시에 앞서 대표팀 메이저 타이틀을 들었고, 메시는 2021 코파 아메리카 우승으로 한을 풀었다. 남은 것은 두 역대급 선수의 마지막 미션인 월드컵 우승이었다. 호날두는 대회 기간 주전 공격수 자리까지 빼앗기고 급격한 하락세를 피할 수 없었고 눈물 속에 모로코와 8강전 탈락 후 최고 무대에서의 커리어를 마감했다. 메시는 월드컵 역사를 다시 쓴 활약으로 아르헨티나의 통산 세 번째 월드컵 우승을 이루며 불멸의 전설이 됐다. 이후 호날두는 사우디 아라비아 클럽 알 나스르와 계약하며 유럽 무대를 떠났다. 메시는 파리생제르맹과 다시 챔피언스리그 정상에 오르겠다는 의지를 불태웠으나, 그 꿈을 이루지는 못했다. '메호대전'은 자타공인 메시의 승리로 막을 내렸지만, 메시와 호날두 모두 위대한 선수임은 분명하다. 그리고 우리 모두가 그 치열한 라이벌리를 흥미진진하게 지켜볼 수 있었다는 것에도 큰 의미가 있다.

메시가 말하는 겸손의 비밀

COLUMN 주위에서 모두 최고라고 칭찬해도 메시는 우쭐하지 않았다. 자신만의 판단기준이 확고했기 때문이다. 메시는 과르디올라 감독 시절, 자타공인 세계 최고로 인정받던 때에 기자와 가진 인터뷰에서 "난 단점이 엄청나게 많다. 최고가 되고, 또 최고를 유지하기 위해 계속 성장하고 발전해야 한다"라고 말했다. 메시는 매번 경기를 마치고 나면 직접 자신의 경기를 돌려 보고, 복기하며 자기 비판의 시간을 갖는다.

난 내 경기를 비판적으로 본다.
경기를 잘했든 못했든 발전하기 위해 분석한다.
항상 내 경기를 녹화한 영상을 보면서 나쁜 점을 체크한다.
그리고 나서 주제프 과르디올라 감독님과 플레이에 대해 이야기를 나눈다.
그의 의견이 아주 중요하다.
물론 팀 동료나 코칭 스태프, 아버지와도 매 경기 이야기를 나누고 개선하려고 노력한다.

메시는 성인 선수가 된 이후에도 자신의 축구 인생에 첫 번째 스승이라고 할 수 있는 아버지와 경기력 개선을 위한 토론 시간을 갖고 있다. 자기 자신을 비판적으로 보는 습관은 부친 호르헤의 영향이 크다. 메시의 부친은 아들을 천재로 대하지 않았다. 타고난 재능을 칭찬하면 노력을 게을리하고, 나태해질 수 있기 때문에 경계했다. 물론 아들을 자랑스럽게 여기고 지지했으나, 지나친 칭찬은 삼갔다.

난 아버지가 충족할 만큼 잘하지 못했다.
어렸을 때 4골을 넣었는데 아버지에겐 충분치 않았다.
아버지는 늘 비판적으로 보고, 내가 더 해내길 바라도록 만드셨다.
아버지께 잘했다는 칭찬을 듣고 싶다는 마음으로 매진했다.
아버지가 "잘했다"고 말하시는 걸 듣는 것은 굉장히 드물었다.

물론 메시의 부친 호르헤 역시 아들이 천재라는 것을 알고 있었다. 독일 축구지 '키커Kicker'와 인터뷰에서 "과장하고 싶지 않지만 팀에서 메시는 실질적으로 모든 것을 잘했다. 득점, 연계, 기회 창출 등등 한 선수가 많은 차이를 만들어 냈다. 팀을 가속시킨 한 명이었다. 맞다. 난 그의 아빠다. 그는 내 아들이다. 하지만 난 그런 이유로 말하는 것이 아니다. 정말 그랬다"고 말하며 어린 메시의 특별함에 대해 말한 바 있다. 그러나 아들이 스스로 그렇게 느끼고 자만하지 않도록 했다. 메시는 스스로에게 비판적이었지만, 외부의 평가에 대해서는 신경 쓰지 않았다. 언론의 비평과 전문가들의 외부 의견보다 자기 자신과 주변의 신뢰하는 인물의 의견에만 집중했다. 건설적인 비판만 받아들이고, 여론의 반응에 정신적 스트레스를 받지 않을 수 있었던 이유다.

내가 좋은 경기를 하지 못하면 비판이 나올 수밖에 없다.
하지만 내 시각은 언론과는 다르다.
내가 두 골을 넣으면 언론은 최고라고 추켜세운다.
하지만 똑같이 두 골을 넣은 경기라도 나 자신은 내 플레이에 화가 날 때가 있다.
매 순간 무엇을 잘했고 무엇을 못했는지 스스로 알아야 한다.
그래서 모든 상황에 대해 숙고해야 한다.
골을 넣었는가 못 넣었는가와 상관없이 얼마나 좋은 플레이를 했는가에 대해
분석하고 잘못된 점을 고치기 위해 노력해야 한다.

즉, 메시는 좋은 플레이를 하지 못했을 때, 우연히 찾아온 승리와 성공에 큰 값어치를 두지 않는다. 상대의 실수나 잘못으로 승리한다면, 다음 경기에서 승리를 보장할 수 없다. 메시는 스스로의 힘으로 승리해야 만족한다. 그래서 메시의 자기 비판은 경기의 경중, 득점 여부, 경기 내용과 관계없이 이어졌다. 내용과 기록, 결과 모든 면에서 완벽하지 않으면 만족하지 않았다. 어린 시절부터 그랬다. 유소년 팀 시절의 일화다. 메시는 에스파뇰 유소년 팀과의 경기에서 상대 골키퍼의 연이은 선방 속에 패배했다. 이미 리그 우승이 확정된 경기였음에도 경기가 끝나고 눈물을 흘렸다. 15세 때였다. 라커룸에서 바스케스가 무슨 문제가 있냐고 묻자 "미안해. 내가 골을 넣지 못했어. 기분이 정말 좋지 않아. 팀이 이기도록 돕지 못했어"라고 답했다. 경기 내용 자체는 좋았으나, 많은 기회를 만들며 좋은 경기를 했지만 여러 기회를 놓친 경기였다. 다음 경기에서 메시는 해트트릭을 했다. 고인이 된 티토 빌라노바는 바르사 유소년 팀과 1군팀에서 모두 메시를 지휘한 바 있다. 그는 메시만큼 만족을 모르고 끝없이 스스로에게 요구하는 선수는 본적이 없다"고 말했다. "환상적인 경기를 하고도, 경기 종료 후 피치를 떠나지 않고 스스로 화를 낸 적도 있었다. 그 자신의 생각엔 충분히 잘 하지 않았다고 여긴 것이다."
2010년 7월부터 2015년 1월까지 바르사 단장직을 지낸 전 바르사 선수 안도니 수비사레타는 메시의 최고 덕목으로 끊임없는 자아성찰을 통한

멈추지 않는 발전을 꼽았다. "메시가 계속해서 배우려고 하는 점을 존경한다. 축구 경기 중 수많은 문제 상황을 만나는데 그처럼 많은 해결책을 만들어내는 선수는 본 적이 없다." 메시는 최고의 선수일 뿐 아니라 최고의 경기 분석가다. 자기 자신의 문제가 무엇이고, 그 문제를 어떻게 해결해야 하는 가에 대한 냉철한 분석 능력은 메시가 최고의 자리를 유지할 수 있는 힘이다. 메시가 자신의 경기 영상만 보는 것은 아니다. 어린 시절 로사리오에서 응원하던 뉴웰스의 경기를 자주 보러 다닌 것은 물론 지역 하부리그를 전전하던 센트랄코르도바의 경기도 보러 다녔다. 메시는 지금도 쉬는 날 다른 팀의 경기를 즐겨 본다. 메시의 24시간은 온통 축구로 채워져 있다. 훈련, 축구 경기 보기, 축구 게임이 대부분이다.

어려서부터 천재 소리를 들었지만, 자아성찰을 생활화한 메시는 2000년, 겨우 만 13세의 나이로 가진 아르헨티나 신문 '라 카피탈La Capital'과의 인터뷰에서 "겸손함은 인간이 결코 잃어서는 안 되는 것"이라고 말했다. 나이답지 않은 성숙한 발언이다. 자기 자신을 지나치게 낮추고, 자신감을 갖지 못하는 것은 문제다. 그러나 겸손함을 갖는 것은 그와는 다른 개념이다. 소극적이고 순종적인 것이 아니라 타인을 존중하고, 자기 자신에 대해 냉정하고 겸허하게 바라볼 수 있게 하는 덕목이다. 백승호와 이승우 등 FC바르셀로나 유소년 선수들의 합류 당시 대한민국 U-18 대표팀의 안익수 감독은 '겸손'을 강조하는 과정에서 여론과 팬들의 오해를 샀다. 일각에서는 이 발언을 두고 선수들의 개성과 기를 억누르는 시도로 지적했다. 당돌하게 자기 주장을 펴는 신세대 스타들의 기를 죽이는 구식 지도자라는 비판이었다. 안 감독의 진의는 달랐다. 안 감독은 이런 시선에 대해 오해라고 말했다. 기자와 만난 자리에서 프로 축구의 세계에서 이야기하는 '겸손'의 정의를 설명해주었다. 안 감독의 '겸손'은 지도자의 말에 순종하고 자신을 낮추라는 의미의 지적이 아니었다. 이는 현재 수준의 기량에 만족하지 말고 끊임없이 자신의 실력에 대해 겸손함을 갖고 실력 향상을 위해 매진하라는 메시지였다.

겸손함이라는 단어는 배움의 열정을 갖게 한다.
겸손함은 선수가 계속해서 성장할 수 있는 연료다.
이 연령대에서 제일 중요한 것이 겸손이다.
내가 부족하다고 느껴야 배우려 나서게 된다.
이 정도면 됐다고 생각하면 발전이 없다.
성장을 계속하기 위해 계속할 일이 겸손이다.

바르사 유소년 팀은 선수들의 기량 향상 과정에 인성 교육이 매우 중요하다고 강조했다. 세계 최고가 될 수 있는 기술을 갖췄다고 하더라도, 11명이 하나의 팀으로 움직여야 이길 수 있는 축구에서 개인만을 생각한다면 승리할 수 없다. 동료를 생각하고, 자기 자신을 꾸준히 발전시키기 위해선 말의 뜻만이 아니라 뿐이 아니라, 마음속 깊숙이 겸손의 의미를 알아야 한다. 메시는 바로 그 겸손을 어려서부터 깨달았다. 그래서 성장 과정에서 단 한번도 자만하고 우쭐하지 않고 발전을 이어갈 수 있었다.

Don't Cry For Me

역사의 완성

메시는 자신의 국가대표 첫 경기에서 교체 투입 1분여 만에 퇴장을 당하는 수모를 겪었다.
A매치 데뷔전에서 투입되자마자 레드카드를 받은 선수가 훗날 대표팀에서 170경기 이상을 소화하고,
100골 이상 득점을 터뜨릴 거라고 누구도 생각하지 못했을 것이다. 그게 다가 아니다.
그는 28년 만에 팀을 코파 아메리카 우승으로 이끌었고, 36년 만에 월드컵 우승 트로피까지 안겼다.

> "
> 메시의 가장 큰 사랑은 대표팀입니다.
> 바르셀로나도, 뉴웰스도 아니에요.
> 그의 사랑은 대표팀입니다.
> 가장 큰 사랑은 대표팀을 향해 있어요.
> 그가 겪은 모든 일들을 생각하면 마침내 그가
> 챔피언이 될 수 있어서 저 역시 아주 행복합니다.
> 마치 긴 마라톤과 같았죠.
> 메시는 부상을 당하든, 병에 걸려 아프든,
> 아르헨티나 대표팀이 부르면 늘 달려왔습니다.

파비안 솔디니 메시의 전 에이전트

01 **마라도나의
후계자**

아르헨티나에서 1980년대와 1990년대에 유년기를 보낸 축구 선수들은 모두 디에고 마라도나의 영향력 아래 있었을 것이다. 아르헨티나를 넘어 전 세계 축구 유망주들에게 선망의 대상이 된 마라도나는 작지만 다부진 체구, 폭발적인 스피드와 현란한 기술, 창조적인 판단력과 정밀한 볼 컨트롤 능력, 천재적인 패싱력과 슈팅 능력을 두루 겸비한 축구 천재였다. 16세 생일을 맞기도 전에 프로 데뷔전을 치른 마라도나는 1979년 FIFA U-20 월드컵에서 아르헨티나를 우승으로 시켰고, 이탈리아 중상위 클럽 나폴리를 이탈리아 챔피언이자 UEFA컵 챔피언으로 이끌었다. 무엇보다 1986년 멕시코월드컵에서 아르헨티나 우승의 1등 공신이 되며 팀 스포츠인 축구에서 개인 능력의 한계치를 끌어올린 불세출의 스타로 추앙받았다.

메시는 그런 마라도나가 직접 인정한 진정한 후계자다. 아르헨티나의 FIFA U-20 월드컵 우승 및 올림픽 금메달 획득을 이끄는 과정에서 압도적인 개인 능력을 발휘했다. 신체조건과 플레이 스타일 면에서도 닮은 점이 적지 않다. 특히 FC바르셀로나 유니폼을 입고 마라도나의 축구 인생에 가장 인상적인 두 골과 닮은 득점을 만들어낸 에피소드는 당시 전 세계 축구 팬들에게 회자되었다.

LIONEL MESSI

메시는 2007년 4월 18일 헤타페와의 스페인 코파델레이 준결승전에서 오른쪽 측면 하프라인 부근에서 볼을 잡고 골문까지 단독 드리블로 6명의 선수를 제치고 득점했다. 12.8초 만에 13차례 볼 터치를 통해 득점했는데, 이 과정이 1986년 6월 22일 멕시코 월드컵 아르헨티나와 잉글랜드의 8강전 경기에서 후반 10분 마라도나가 넣은 세기의 골과 흡사했다. 마라도나도 하프라인 우측 부근에서 총 6명의 잉글랜드 선수들 단독 드리블로 제치고 득점했다. 아르헨티나의 2-1 승리를 확정한 골이었다.
이 장면뿐 아니라, 같은 경기에서 후반 6분 마라도나가 '신의 손' 논란을 일으킨 고의적인 핸드볼 파울 득점을 행한 것도 메시가 재현했다. 마라도나는 공중볼 경합 상황에서 자신의 머리가 닿지 않은 위치의 공을 마치 헤딩으로 득점한 듯한 플레이로 잉글랜드의 골망을 흔들었는데, 사실은 주심의 시야에 가린 손을 이용해 골을 넣은 것이었다. 메시는 2007년 6월 10일 RCD에스파뇰과의 스페인 프리메라리가 경기에서 0-1로 뒤져 있던 상황에 문전 혼전 중 수비수를 맞고 나온 공을 헤딩으로 경합하는 과정에서 왼손으로 공을 건드려 득점했다. 바람직하다고 할 수는 없지만, 승부사의 본능이 빛난 플레이였다. 만 20세의 메시에게 '제2의 마라도나'라는 수식어가 더욱 더 확고하게 새겨지도록 만든 사건이었다.
메시는 두 장면 모두 일부러 마라도나를 따라 해보겠다는 의도를 가지고 행한 것이 아니라 본능에 따른 것이었다고 설명했다. 경기 중 누군가의 플레이를 생각하면서 플레이하는 선수는 없을 것이다. 어린 시절 보고 자란 플레이가 본능에 새겨진 것이라고 할 수 있다. 메시는 아르헨티나의 다른 많은 아이들처럼 마라도나가 펼친 신기의 플레이를 텔레비전 중계를 통해 보고 자랐다. 메시는 "마라도나의 거의 모든 플레이를 다 봤다"고 밝힌 바 있다. 부친 호르헤가 마라도나의 팬으로 마라도나의 플레이 비디오를 다량 보유하고 있었다. 직접 눈으로 볼 수 있는 기회도 있었다. 마라도나는 메시의 고향 로사리오를 연고로 하는 뉴웰스올드보이스에서 1993년부터 1994년 사이에 활약했다. 메시는 마라도나의 뉴웰스 데뷔전인 에멜렉전을 만 6세때 직접 본 기억이 있다고 말했다. 메시 가족은 모두 뉴웰스 골수팬이었고, 메시는 마라도나의 이름이 새겨진 뉴웰스 유니폼을 입고 경기장을 찾아 마라도나의 플레이를 눈 앞에서 보고 배울 수 있었다.
나이 차이가 크기 때문에 메시는 마라도나와 함께 경기장

위에서 플레이를 할 수 있는 기회를 얻을 수는 없었다. 그러나 마라도나와 메시는 깊은 인연을 쌓아가기 시작한다. 먼저 연락을 취한 쪽은 놀랍게도 마라도나였다. 마라도나는 자신의 뒤를 이을 '세기의 재능'을 알아봤다. 2005년 5월 1일, 스페인 프리메라리가 34라운드 경기에서 바르사는 알바세테와 격돌했다. 이 경기에서 메시는 호나우지뉴의 패스를 받아 팀의 2-0 승리에 쐐기를 박는 골을 넣어 바르사 1군 선수로 공식 데뷔골을 터트렸다. 골을 기록한 다음 날 집에서 가족들과 식사를 나누던 메시는 마라도나로부터 축하 전화를 받았다. 마라도나가 수소문해 메시에게 메시지를 전달한 것이었다. 마라도나는 메시가 아르헨티나 청소년 대표로 2005 FIFA U-20 월드컵에 참가했을 때도 직접 연락을 취했다. 2005년 6월 28일 브라질과의 준결승전을 앞두고 경기를 준비하고 있을 때 메시에게 전화를 걸어 아르헨티나로 우승컵을 가져와 달라고 당부했다. 마라도나와 통화한 메시는 우승을 차지하는 것으로 그의 부탁을 완수했다.
메시는 2006 독일 월드컵을 통해 월드컵 무대에 처음 섰다.

DON'T CRY FOR ME ARGENTINA

당시는 후보였다. 주전으로 처음 월드컵 본선에 나선 것은 2010 남아공 월드컵 대회다. 마라도나는 이 시기 아르헨티나 대표팀 감독직을 맡았고, 메시에게 자신의 등번호 10번을 물려줬다. 마라도나는 메시에게 절대적 신임을 보냈으나, 우수한 팀을 만드는 데에는 실패했다. 그러나 메시는 마라도나의 지도를 받으면서 여러 가지 기술을 직접 보고 배울 수 있는 유의미한 시간을 보냈다. 마라도나는 스페인 스포츠 신문 '스포르트(Sport)'와의 인터뷰에서 "1986년의 나보다 지금의 메시가 더 뛰어나다. 메시는 펠레와 마라도나 중 누가 축구 역사상 최고의 선수인가라는 논쟁을 끝낼 수 있는 선수다. 그 누구도 메시와 비견될 수 없을뿐더러 그가 하는 것의 40%만큼을 하는 선수조차 없다"고 극찬하며 메시를 사상 최고의 선수라고 인정했다. 우상이 준 찬사는 메시에게 특별한 뿌듯함이 되었을 것이다.

아르헨티나 출신 선배들은 모두 메시를 아꼈다. 메시가 바르사 유년 팀에 있을 때 바르사에는 후안 로만 리켈메와 하비에르 사비올라가 뛰고 있었다. 당시에는 라마시아가

캄노우 경기장 근처에 있었고, 미니에스타디에서 1군 선수와 유소년 선수가 장소를 나누어 함께 훈련하는 경우가 종종 있었다. 메시는 선배 리켈메와 사비올라가 운동하는 모습을 근거리에서 지켜본 것은 물론, 둘의 초대로 바비큐 파티를 함께 하며 친하게 지냈다. 메시가 에스파뇰과의 유소년 리그 경기에서 광대뼈 골절상을 입어 병원에 실려 갔을 때는 사비올라가 자신의 유니폼에 쾌유 메시지를 담아 선물을 보내주기도 했다.

메시는 여러 인터뷰에서 자신의 어린 시절 우상으로 리버플레이트에서 뛰던 플레이메이커 파블로 아이마르의 이름을 자주 언급했다. 부친 호르헤가 아신다르 회사를 다니던 시기 공장 직원들과 축구를 하는 모습도 지켜봤고, 아버지와 할아버지가 우상이었다고 말하기도 했지만, 당시 메시의 주변 친구들의 증언에 따르면 집중적으로 플레이를 즐겨본 선수는 롤모델 같은 선수는 단연 아이마르였다. 아이마르는 메시가 아르헨티나에 살던 시절 리버플레이트(1996~2000)에서 활동했고, '광대(El Payaso)' 나 '마술사(El Mago)'라는 별명으로 불릴 정도로 화려한 플레이를 선보인 선수였다. 특유의 파마머리와 비슷한 신체 사이즈가 마라도나를 연상케 해 그 역시도 '제2의 마라도나' 로 불린 선수 중 한 명이었다. 창조적인 판단력과 볼을 다루는 섬세한 기술, 드리블링과 슈팅, 폭발적인 순간 가속력을 갖춘 아이마르는 오른발을 주로 썼다는 점을 제외하면 마라도나, 메시와 매우 흡사한 플레이를 했다. 메시의 간결하면서도 화려한 플레이는 아이마르가 선보인 장면과도 상당히 비슷하다.

아이마르도 유럽 무대에서 명성을 떨쳤고, 아르헨티나 대표 선수로 적지 않은 공헌을 했지만, 마라도나나 메시처럼 세계 축구의 일인자로 등극하지는 못했다. 그러나 아이마르의 눈부신 전성기 시절 활약상은 분명 메시에게 큰 영감을 줬다. 아이마르는 2014년 FIFA 발롱도르 시상식에 메시를 위한 영상 편지를 보내기도 했다. 메시는 자신의 우상이었던 아이마르로부터 "선수로서 너를 존경한다"는 찬사를 받았다. 아이마르는 "아직도 축구가 즐겁냐"라는 질문을 통해 자신은 물론 메시가 만들어낸 놀라운 플레이의 기반이 '즐기는 것' 이라는 점을 다시 깨닫게 해주기도 했다. 흥미로운 것은 이 아이마르가 2022 카타르 월드컵에 아르헨티나 대표팀의 코치로 메시와 함께 역사적인 월드컵 우승을 이룬 것이다. 메시는 자신의 모든 우상들로부터 지원과 지지를 받으며 역대 최고가 됐다.

02

2014년 여름, 악몽의 브라질

브라질과 아르헨티나는 남미 축구의 양대산맥이다. 두 나라의 라이벌 관계는 아시아의 한국과 일본의 사이로 비교할 수 있는 앙숙이다. 축구적으로는 더 치열하다고 할 수도 있다. 1978년 아르헨티나 대회 이후 36년 만에 남미 대륙에서 열린 월드컵에서 우승하고자 하는 열망은 브라질과 아르헨티나 모두 강했다. 브라질은 네이마르를 앞세웠고, 아르헨티나의 리더는 메시였다. 당시 브라질 현지에서 만난 브라질 국민들도 현 시점에서 세계 최고의 선수가 메시라는 점을 인정했다.

과거 펠레-마라도나 논쟁과 호나우두-지단 논쟁 등에서 브라질 사람들의 팔은 자연히 안으로 굽었다. 하지만 브라질을 대표하는 스타 네이마르는 아직 성장기에 있는 어린 선수였기 때문에 메시를 인정하는 분위기였다. 많은 이들이 "아르헨티나는 싫지만 메시는 좋아한다"고 말했다. 메시가 보여준 축구적 화려함에 매료되지 않을 수 없었다. 브라질과 아르헨티나가 나란히 대회 준결승전에 진출했을 때

""
월드컵 결승전에서 패하는 것은 아주 엄청난 타격이다.
전 세계 도처에 있는 아르헨티나 국민들을 위해 해내고 싶었다.
실패하고선 아주 속상했다.
하지만 프로라면 저조한 순간을 빨리 벗어날 수 있어야 한다.
피치 위에서 기회를 놓쳤다고 해서 그 생각에 머물러 있어선 안 된다.
다음 기회에는 꼭 득점해야 한다는 생각을 할 필요가 있다.
월드컵 우승에 실패하고서 화를 내거나 실망하고 낙담해
동기부여를 잃는 게 아니라,
다음에 더 잘하기 위한 계기로 삼아야 한다.

남미 라이벌의 결승 대결에 대한 기대가 높아졌다. 개최국 브라질이 먼저 독일과의 준결승전에서 1-7 참패를 당하며 현지 분위기는 침체됐다. 아르헨티나가 승부차기 끝에 네덜란드를 꺾고 결승에 오르자 경기장 인근에서 분노에 찬 총격 소리가 들리기도 했다.
아르헨티나와 독일의 대결로 치러진 결승전에서는 브라질 사람들이 우려한 악몽은 일어나지 않았다. 독일이 연장전 끝에 아르헨티나를 1-0으로 꺾고 우승했다. 메시는 팀의 준우승에도 골든볼을 수상하며 대회 최고의 선수로 인정받았는데, 우승 실패에 대한 좌절감과 상실감이 컸기 때문에 전혀 즐거워하지 않았다. 메시는 자신의 세 번째 월드컵에서 이어진 실패가 정신적으로 큰 타격을 줬다고 밝혔다. 그러나 메시는 더 이상 어린 아이가 아니었다. 패배에 어떻게 대처해야 다음 승리를 이어갈 수 있는지를 생각할 줄 아는 베테랑이 되어 있었다.
메시는 그동안 바르사 소속으로 수많은 골을 넣고, 우승을 달성했다. 그러나 아르헨티나 대표팀에서는 바르사에서만큼의 활약을 보이지 못했다. 어린 나이에 바르셀로나로 이주한 메시의 이 같은 모습에 일부 아르헨티나 언론과 팬들은 "메시의 몸에는 카탈루냐의 피가 흐른다"며 대표팀에 전력을 다하지 않는다고 의심했다. 그러나 이는 전적으로 오해다. 메시는 20세 이하 청소년 대표 선수로 2005년 FIFA U-20 월드컵 우승을 이뤘고, 바르사 클럽의 만류에도 2008 베이징 올림픽에 참가해 아르헨티나의 금메달 수상을 이끌었다. 메시의 조국애는 강하다. 어린 나이에 스페인에서 살면서 느낀 타향살이의 아픔은 조국에 대한 그리움과 애정을 더욱 심화시켰다. 메시는 청소년 대표 시절 스페인 대표로 귀화 제안도 받았으나 뿌리쳤다. 하지만, 경기장 위에서의 일부 부정적 결과가 메시에 대한 의심을 증폭시켰다. 이 모든 의심은 2014 브라질 월드컵 남미예선전에서 보인 메시의 독보적 활약, 그리고 월드컵 본선에서 보인 리더십과 득점력으로 일축됐다.

LIONEL MESSI

" "

솔직히 지난해 실패를 겪고
새 시즌을 시작하던 당시에는 행복하지 않았다.
부상 때문에 경기장에 서지 못한 날도 많았고,
경기력이 좋지 못한 날도 많아서 힘든 1년을 보냈다.
지난 시즌 내 경기력은 들쭉날쭉했다.
부상도 많고, 돌아온 뒤에도 좋은 상태를 찾지 못했다.
지난해를 잊고 내 최고의 상태였던 때로
돌아가기 위해 노력했다.

메시는 대회 본선 F조에서 아르헨티나가 3전 전승을 거두는 데 일등공신이었다. 보스니아헤르체고비나와의 1차전 경기에서 후반 20분 결승골을 넣어 2-1 승리의 주역이 됐다. 고전했던 이란과의 2차전 경기에서는 후반 추가 시간에 결승골을 넣어 1-0 승리를 만들었다. 16강 진출을 예약하고 치른 나이지리아와의 3차전에도 출격해 두 골을 기록하며 3-2 승리를 주도했다. 스위스와의 16강전에서는 연장 종료 직전 터진 앙헬 디마리아의 결승골을 사실상 다 만들어 주었다. 하프라인 부근부터 단독 드리블 돌파를 펼치며 수비를 자신에게 몰아둔 뒤 마무리 패스로 디마리아의 득점 기회를 열어줬다. 아르헨티나 전 국민이 메시의 활약에 환호했다. 벨기에와의 8강전에서도 1-0 승리로 이어진 결승골을 넣은 선수는 곤살로 이과인이었지만, 경기 내내 최고의 활약을 펼친 선수는 메시였다. 네덜란드와의 준결승전에서는 체력적 어려움을 겪었다. 조력자 앙헬 디마리아가 부상으로 빠지며 수비 견제가 더 심해졌다. 120분 간 골이 터지지 않아 승부차기로 결승 진출의 주인공을 가렸다. 메시는 대담하게 첫 번째 키커로 나서 골을 성공시켰다. 아르헨티나가 승부차기 4-2 승리로 결승에 오른 과정에서도 메시의 영향력이 컸다. 그러나 독일과의 결승전에서는 메시도 압박감을 이기지 못했다. 90분간 골을 넣지 못해 이어진 연장전에서 마리오 괴체에게 선제골을 내줬다. 종료 휘슬이 울리기까지 메시는 분전했다. 마지막 순간 프리킥 기회가 찾아왔으나 메시의 슈팅은 허무하게 허공을 갈랐다. 메시는 고개를 떨궜다. 바르사에서 보낸 2013-14시즌에도 무관의 아픔을 겪은

메시는 월드컵 우승 실패로 프로 데뷔 후 최악의 시간을 보냈다. 메시 자신도 이 시기 정신적으로 어려웠다고 고백했다. 하지만 메시는 좌절감 속에 머물러 있기를 거부했다.

1년 전의 아픔을 교훈 삼아 메시는 한층 더 성숙해진 무적의 선수가 됐다. 메시는 스스로 빛날 뿐 아니라 팀 전체가 빛날 수 있는 플레이를 했다. 팀보다 위대한 선수는 없지만, 팀만큼 위대한 선수가 있다면 그게 바로 메시일 것이다. 메시가 1년 전 겪은 부진을 극복할 수 있었던 것은 정신

자세나 동기 부여의 변화가 아니다. 보다 실제적인 방법론을 찾았다. 가장 결정적인 변화는 체중 감량이다. 메시는 최악의 시즌을 보낸 2013-14시즌보다 5kg가량 감량했다. 턱선이 날렵해지고, 눈동자가 커져 보일 정도로 외양의 변화가 확연히 드러났다. 메시는 훨씬 더 몸이 가벼워졌고, 이를 통해 플레이 과정에서 근육이 받는 부담이 훨씬 줄었다. 체력 소모도 줄었다. 그동안 잦은 부상과 이른 체력 저하로 어려움을 겪은 메시는 경기중 구토를 하는 일도 꽤 있었고, 근력이 떨어져 드리블에 실패하는 경우도 발생했다. 메시는 이탈리아 베네치아 인근에 기반을 두고 활동 중인 영양학자 줄리아노 포세르를 찾아가 식단 관리를 받으며 몸 관리에 나섰다. 단순히 체중을 줄이는 것뿐만 아니라 최상의 경기력을 내기 위해 도움이 되는 식단을 짰다. 주로 소금기 없는 쌀밥과 야채, 생선 위주로 식단을 구성해다. 그 결과 메시는 경기에 더 적합한 날렵한 몸 상태를 갖춰 기량을 극대화할 수 있게 됐다.

03

3연속 준우승 후
대표팀 은퇴… 복귀 후
2021 코파 아메리카 우승

2014 브라질 월드컵 결승전 패배를 겪은 뒤 메시는 이후 1년 간 불면증에 시달렸다는 사실이 알려졌다. 과거 메시의 대리인으로 일했던 파비안 솔디니는 2022 카타르 월드컵을 앞두고 아르헨티나 매체 '인포베(Infobe)'와 가진 인터뷰에서 아르헨티나 대표팀과 월드컵에서 우승하는 일이 메시에게 얼마나 큰 야망이자, 불안이며, 걱정인지 알렸다.

> 거의 10년 동안 메시를 만나지 못했어요. 집에 있는데 메시가 연락을 했더라고요. '파비, 브라질에서 결승전의 밤 이후 1년 내내 그 생각으로 잠에서 깼어요. 잠을 잘 수가 없었어요. 그날의 생각이 머리에서 떠나지 않았어요.

그리고 1년 뒤, 메시는 남미 챔피언 자리를 겨루는 2015 코파 아메리카에 참가했으나 결승전에서 칠레에 패배해 또 한 번 우승의 꿈을 놓치고 만다. 연장전까지 0-0 무승부 이후 승부차기 끝에 패배했는데, 아르헨티나는 1번 키커 메시만 성공한 뒤 이어 이과인, 바네가가 연달아 실축했고, 칠레는 네 명의 키커가 모두 성공시켜 4-1 큰 점수차로 승부가 갈렸다. 콜롬비아와 8강전에 이미 승부차기를 경험했고, 그때도 메시는 부담이 큰 1번 키커로 나서 성공한 뒤 아르헨티나의 4강 진출을 이끌었다. 이 대회에서 메시는 득점이 1골에 불과했으나 3개의 어시스트로 도움왕에 오르며 동료 선수들의 득점을 끌어내는 플레이메이커로 맹활약했다. 대회 최우수선수 골든볼 수상자로 결정된 것도 메시였다. 하지만 1년 전 월드컵에서 우승에 실패한 뒤 허망한 표정으로 골든볼을 받았던 메시는 이 대회의 골든볼 수상을 거부했다. 그래서 공식적으로 2015 코파 아메리카는 골든볼 수상자가 없는 대회가 됐다.

메시의 가장 큰 사랑은 대표팀입니다. 바르셀로나도, 뉴웰스도 아니에요. 그의 사랑은 대표팀입니다. 가장 큰 사랑은 대표팀을 향해 있어요. 그가 겪은 모든 일들을 생각하면 마침내 그가 챔피언이 될 수 있어서 저 역시 아주 행복합니다. 마치 긴 마라톤과 같았죠. 메시는 부상을 당하든, 병에 걸려 아프든, 아르헨티나 대표팀이 부르면 늘 달려왔습니다.

솔디니는 2022 카타르 월드컵을 1년 앞두고 메시가 브라질에서 열린 2021 코파 아메리카에서 우승해 마침내 아르헨티나 대표팀과 트로피를 들어올리겠다는 꿈을 이룬 것이 다행이라고 했다. 아직 월드컵이라는 미션이 남았지만, 한 해 앞서 열린 코파 아메리카를 들지 못했다면 부담과 불안의 크기가 더 컸을 수 있기 때문이다.
실제로 메시의 악몽은 2015년 여름이 끝이 아니었다. 코파 아메리카 창설 100주년을 맞아 2016년 여름에는 미국, 멕시코, 캐나다, 코스타리카 등 북중미 대륙 팀도 모두 참여하는 '2016 코파 아메리카 센테나리오' 대회가 열렸다. 이 대회에서도 아르헨티나는 다시 결승전에서 만난 칠레와 승부차기까지 가는 접전을 벌였고, 다시금 준우승에 그쳤다. 이번에는 메시가 1번 키커로 나서 허공으로 페널티킥을 날리며 탈락의 원흉으로 지탄받았다. 메시는 3년 연속 준우승을 겪은 충격과 슬픔에 아르헨티나 대표팀 은퇴를 선언했다. 아직 서른도 채 되지 않은 젊은 나이였다.
그런 메시의 아르헨티나 대표팀 복귀를 설득한 인물은 2022 카타르 월드컵에서 감독으로 메시와 함께 꿈을 이룬 리오넬 스칼로니였다. 당시 스칼로니는 칠레와 결승전에서 메시가 무려 5명의 상대 선수의 집중 마크를 당하는 사진을 올리며 "이 사진이 모든 걸 말해주잖아. 떠나지마, 리오"라고 메시지를 남겼다. 은퇴 선언과 함께 아르헨티나 대표팀의 경기에 참여하지 않았던 메시는 몇 달 후 복귀했고, 다시 도전에 나섰다.
하지만 메시가 아르헨티나와 함께 챔피언이 되는 길은 순탄치 않았다. 아르헨티나의 전력은 3연속 준우승 당시보다 떨어지고 있었고, 더욱 더 메시의 원맨팀으로 운영되는 경향이 있었다. '메호대전'으로 화제가 된 2018 러시아 월드컵은 메시와 호날두의 시대가 끝나고 킬리안 음바페가 새로운 황제가 될 것이라는 이야기가 나왔다. 메시의 아르헨티나, 호날두의 포르투갈이 나란히 16강전에서 조기 탈락하며 챔피언이 되기엔 부족한 전력이 여실히 드러났기 때문이다. 특히 아르헨티나는 16강전에서 프랑스를 만났는데, 당시 18세에 불과했던 음바페가 멀티골을 터트리며 4-3 승리의 주인공이 됐다. 음바페는 크로아티아와 결승전에서 4-2 승리에 쐐기를 박은 골을 터트리며 '펠레의 후계자'로 공인받았다. 메시와 호날두가 이루지 못한 월드컵 우승을 이루며 차세대 축구 황제 타이틀을 얻었다.
1년 뒤, 브라질에서 열린 2019 코파 아메리카에서 메시는 우승의 꿈과 더 멀어지고 있다는 걸 느꼈다. 아르헨티나는 콜롬비아와 B조 1차전에 0-2 패배를 당했고, 파라과이와 2차전도 메시의 페널티킥 득점으로 겨우 1-1 무승부를 거두며 조별리그 통과조차 장담할 수 없는 부진의 늪에 빠졌다. 초청국 카타르에 2-0으로 승리하며 8강에 올랐고, 베네수엘라에 2-0 승리를 거뒀으나 브라질을 만난 준결승전에서 0-2로 완패했다. 메시는 페널티킥으로 한 골을 넣은 것 외에 대회 내내 큰 영향력을 발휘하지 못했다. 3위 결정전에서 악연인 칠레를 만났는데 메시는 2-1 승리로 이어진 골을 어시스트했지만 가리 메델과 신경전으로 감정이 격해져 몸싸움 끝에 퇴장당하는 등 좋지 않은 모습을 남겼다. 우승은 개최국 브라질의 몫이었다.

아르헨티나의 캡틴 메시가 마침내 우승컵을 들어올릴 수 있었던 것은 2021년 여름, 당초 아르헨티나와 콜롬비아가 공동 개최할 예정이었으나 코로나19 팬데믹 문제로 인해 브라질로 다시 개최지가 옮겨진 차기 대회에서다. 2014 브라질 월드컵 결승전의 악몽, 그리고 2년 전 코파 아메리카의 불명예를 씻어내기 위해 좋은 곳이었다.
2021 코파 아메리카는 총 10개팀이 5개팀씩 2개조로 나뉘어 조별리그를 치르는 방식으로 바뀌었다. 초청국 없이 순수 남미축구연맹 소속 팀만 참가했다. 칠레와 A조 1차전에서 메시는 선제골을 넣어 1-1 무승부를 이끌었고, 이어 우루과이, 파라과이에 연이어 1-0 승리, 볼리비아에 4-1 대승을 거둬 조 1위로 8강에 올랐다. 에콰도르와 8강에서 메시는 원맨쇼를 펼치며 3-0 승리를 이끌었고, 콜롬비아와 준결승전도 라우타로 마르티네스의 선제골을 만들어줬다. 승부차기에서 트라우마가 없다는 것을 보이며 1번 키커로 성공시켜 3-2 승리를 이끌었다. 대망의 결승전에서 네이마르와 맞대결을 벌였고, 앙헬 디마리아의 결승골을 어시스트했다. 아르헨티나는 1993년 이후 무려 28년 만에 남미 챔피언에 등극했다.
메시는 개인적으로 아르헨티나 대표팀과 함께 참가한 10번째 대회에서 우승의 꿈을 이뤘다. 9전 10기다. 메시는 골든볼과 득점왕(4골), 도움왕(5도움)을 모두 석권하며 압도적인 활약을 펼쳤다. 공격 세부 지표로 봐도 최고였다. 9개로 최다 공격 포인트를 올린 것은 물론 최다 슈팅(28회), 최다 유효 슈팅(11회), 최다 키패스(21회), 최다 스루패스(9회), 최다 공격 진영 패스 성공(122회) 등으로 득점으로 가는 길을 어떻게 만들었는지 확실히 입증했다. 드리블 돌파 성공도 35회의 네이마르에 이은 34회로 2위였다.
아르헨티나는 이전보다 약해졌지만 메시를 중심으로 똘똘 뭉쳤다. 세대교체가 이뤄지는 과정 속에 메시를 우상으로 삼고 자란 어린 선수들이 헌신적으로 뛰었고, 원팀으로 하나가 됐다. 이전보다 투박하지만 더 조직적인 팀으로 거듭났다. 메시가 지휘자로 가장 돋보였지만, 전체적으로 승리를 위해 실리적인 축구를 하는 팀으로 재탄생했다.
메시는 팀의 정신적 구심점이 된 진정한 리더이자 주장으로 활약했다. 메시가 브라질과 결승전에서 선수들을 향해 이례적으로 남긴 강렬한 스피치는 아르헨티나축구협회가 공개했고, 메시가 단순히 최고의 선수일 뿐 아니라 최고의 리더십을 갖춘 아르헨티나의 영웅이라는 점이 널리 알려졌다.

"''

우리는 브라질전이 어떤 의미를 갖는지 잘 알고 있어.
오늘은 아무 말도 하고 싶지 않아.
그냥 고마워. 45일 동안 정말 고마웠어.
우리는 아름다운 팀을 만들었고, 정말 즐거웠어.
45일이라는 시간 동안 우리는 함께 먹고,
자고, 가족들도 보지 못했잖아. 무려 45일이나 말이야.
에밀리아노는 그 사이에 아빠가 됐지.
딸을 보지도 못하고, 손도 못 잡아 봤어.
엘치노(루카스 마르티네스)도 마찬가지야.
지금 이 순간을 위해, 우리는 목표가 있으니까.
우승이 아주 가까이 왔으니까.
가장 중요한 건 뭐지?
모든 게 우리에게 달려 있다는 거야.
그러니까 우리는 경기장으로 나가서
우승컵을 들고 조국으로 가져가야 해.
우리 가족, 친구들, 우리를 지지해준 모든 사람들과 함께,
이 시간을 즐길 수 있게 말이야.
마지막으로, 내가 이룬 모든 것들은 지금 이 순간에 무의미해.
이 대회는 원래 아르헨티나에서 열릴 예정이었는데
신은 브라질에서 개최되길 원했지.
이곳 마라카낭에서 우승컵을 들어올리라고.
우리가 더 빛나게 하라고.
우리는 우승컵을 집으로 가져갈 수 있을 거야.
자신감을 갖고, 차분하게. 가자! 가자!

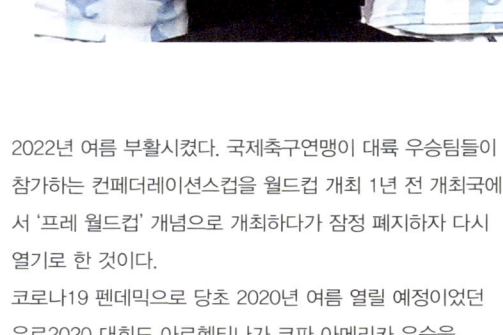

메시의 연설대로 자국 대회에서 우승하는 것도 의미가 있지만, 2014 브라질 월드컵 결승전에서 패배를 겪은 비극의 장소에서 우승으로 그 아픔을 치유하는 것은 더 큰 의미가 있었다. 그리고 한 번 우승의 물꼬가 트이자 연달아 찾아왔다. 유럽축구연맹과 남미축구연맹은 유럽 챔피언과 남미 챔피언 간의 왕중왕전 '피날리시마(Finalissima)'를 2022년 여름 부활시켰다. 국제축구연맹이 대륙 우승팀들이 참가하는 컨페더레이션스컵을 월드컵 개최 1년 전 개최국에서 '프레 월드컵' 개념으로 개최하다가 잠정 폐지하자 다시 열기로 한 것이다.

코로나19 펜데믹으로 당초 2020년 여름 열릴 예정이었던 유로2020 대회도 아르헨티나가 코파 아메리카 우승을

차지한 2021년 6월에 열렸다. 유로2020 우승을 이룬 이탈리아와 남미 챔피언 아르헨티나는 월드컵 개막을 5개월여 앞둔 2022년 6월 1일 축구 종주국 영국의 축구 성지 웸블리 스타디움에서 맞대결을 펼쳤다. 그리고 아르헨티나가 메시의 눈부신 어시스트 2개를 통해 3-0 승리를 거두며 트로피를 차지했다. 메시는 비록 팀이 기록한 3골의 득점자가 되지는 못했으나 경기 전체의 설계자로 활약하며 MVP를 차지하며 2022 카타르 월드컵을 앞두고 기세를 높였다.

04

2022 카타르 월드컵

아마 오늘인 것 같아요. 할머니… (Puede ser hoy Abu..)

프랑스와 치른 2022 카타르 월드컵 결승전 승부차기. 아르헨티나의 다섯 번째 키커 곤살로 몬티엘이 킥을 준비하는 순간, 화면에 잡힌 메시는 하늘을 보며 이렇게 말했다. 메시는 당당히 1번 키커로 나서 차분하게 승부차기를 성공시킨 채 운명의 룰렛을 지켜보고 있었다. 전반 23분 페널티킥으로 선제골을 넣었고, 전반 36분 앙헬 디마리아의 추가골까지 나오면서

결승전 승기는 아르헨티나로 기우는 듯했다. 2-0으로 앞서갔으니 아르헨티나가 우승을 예약한 분위기였다. 하지만 프랑스에는 음바페가 있었다. 후반 35분 페널티킥으로 한 골을 따라붙었고, 1분 뒤에 기막힌 발리 슈팅으로 동점골을 넣었다. 메시의 얼굴이 굳었다. 경기는 연장전으로 돌입했다. 메시가 108분 짜릿한 선제골을 넣었으나 연장 종료 직전에 음바페는 페널티킥으로 기어코 3-3 동점을 만들며 승부차기로 우승팀을 결정짓게 됐다. 메시에게는 너무나 많은 트라우마가 있는 방식이었다.

메시는 그 중압감을 모두 이겨내고 성공했고, 디발라, 파레데스도 차례로 성공했다. 120분 혈투 속에 이미 두 차례나 침착하게 페널티킥을 성공했던 음바페는 프랑스의 1번 키커로 성공했다. 하지만 뒤이어 킹슬리 코망과 오렐리엥 추아메니가 경험 부족을 드러내며 실축했다. 콜로 무아니가 프랑스의 네 번째 키커로 성공시켜 희망을 불씨를 살렸다. 그리고 아르헨티나의 네 번째 키커 몬티엘의 차례가 왔을 때, 메시는 우승을 확신했다. 자신을 축구장으로 처음 인도했던 할머니를 떠올렸다.

메시의 확신은 틀리지 않았다. 몬티엘이 성공하면서 승부차기 4-2로 아르헨티나가 월드컵 우승을 확정했다. 스웨덴 축구 레전드 즐라탄 이브라히모비치는 "카타르 월드컵은 메시가 우승을 해야만 역사에 남을 수 있다"고 말했다. 사상 첫 겨울 월드컵, 유치 과정에서의 뇌물 스캔들, 경기장 공사 과정의 인권 문제 등으로 얼룩진 카타르 월드컵은 메시의 우승이라는 이슈로 화려하게 마무리됐다. 메시는 우승컵을 들어올리는 순간 카타르의 국왕 타밈 빈 하마드 알타니로부터 검정생 긴 옷을 선물 받았다. 국왕이 입도 있던 옷으로 '비슈트(Bisht)'라는 이름의 아랍 전통 의상이다. 귀족을 의미하는 옷으로 카타르에서 국왕이 입는 옷이라는 점에서 메시의 황제 대관식에 걸맞은 퍼포먼스였다. 메시는 축구 역사상 처음으로 황제를 상징하는 옷을 유니폼 위에 걸치고 월드컵 우승 트로피를 번쩍 들어올렸다. 대회 득점왕은 결승전에만 3골을 넣고 총 8골을 기록한 음바페가 차지했지만, 메시는 월드컵 우승과 더불어 골든볼을 수상하며 대회 최고의 선수로 공인받았다. 메시는 2022 월드컵에서 대회 역사를 새로 쓰며 월드컵에선 힘을 쓰지 못하던 바르셀로나의 레전드에서, 아르헨티나에 세 번째 우승을 안긴 '월드컵 역대 최고의 선수'로 등극했다. 1998 프랑스 월드컵에서 준우승국 브라질의 호나우두가 골든볼을 받았고, 2002 한일 월드컵도 준우승국 독일 골키퍼 올리버 칸이 골든볼을 받았다. 2006 독일 월드컵에서도 준우승 프랑스의 지네딘 지단이 골든볼 주인공이었다. 2010 남아공 월드컵은 스페인이 우승했지만 골든볼은 우루과이의 4강 신화를 이끈 득점왕 디에고 포를란이 차지했다. 2014 브라질 월드컵 우승은 독일이 차지했지만 준우승한 아르헨티나의 메시가 골든볼을 받았고, 2018 러시아

> "
> 사우디전은 패배했지만 우리의 플레이에 대한 확신이 있었다.
> 예상치 못한 결과가 나오면서 멕시코전이 아주 어렵게 됐다.
> 우리가 비긴다면 마지막 경기에 16강에 오르기 위해 다른 팀의 결과에 의존해야 하는 상황이 됐다.
> 만약 졌다면 그냥 탈락하는 상황이었다.
> 그런 멕시코전이었기에 이 경기를 치르고 나서 팀 전체가 더욱 강해지는 독특한 경험을 했다.
> 솔직히 경기 자체는 어려웠고, 우리의 의도대로 되지 않을 수 있겠다는 두려움도 있었다.
> 경기력만 놓고 보면 최악의 경기 중 하나였다.
> 하지만 우리는 계속 시도했고, 결국 승리할 수 있었다.

월드컵도 프랑스의 우승에 이어 준우승한 크로아티아의 루카 모드리치가 골든볼 수상자였다. 메시는 마침내 우승과 골든볼을 동시에 이룬 '최고 중의 최고'가 됐다. 무엇보다 100년에 달하는 월드컵 역사상 처음으로 골든볼을 두 번이나 수상한 선수가 됐다.

메시에게 카타르 월드컵이 특별한 것은 이 대회 전까지만 해도 2006 독일 월드컵부터 2010 남아공 월드컵, 2014 브라질 월드컵, 2018 러시아 월드컵에 이르기까지 이전 대회에서는 조별리그 이후 토너먼트 무대에서 득점이 없던 '큰 경기 부진' 징크스를 깬 것이다. 깬 것을 넘어 호주와 16강전부터 네덜란드와 8강전, 크로아티아와 준결승전, 프랑스와 결승전까지 모든 토너먼트 경기에 득점한 선수가 됐다. 5번의 월드컵에서 총 26경기에 출전한 것도 월드컵 개인 최다 출전 기록이며, 2,314분의 출전 시간 역시 최다 기록이다. 여기에 월드컵 통산 21회의 공격포인트를 올린 것도 역대 최고 기록이다. 월드컵의 모든 공격 기록과 우승 기록, 개인상 기록까지 메시가 깨버린 것이다.

메시와 아르헨티나의 우승이 더 드라마틱한 이유는 C조 첫 경기에서 사우디 아라비아에 충격패를 당하며 우승 도전은커녕 조별리그 통과까지 불확실한 흐름으로 대회를 시작했던 것이다. 대회 개막 전 근육 부상을 입은 메시는 대회 기간 내내 팀 훈련 없이 통증 관리에 전념하며 경기만 뛰었던 것으로 알려졌다. 사우디와 경기에서 페널티킥으로 득점했지만 동점골, 역전골을 내준 과정에서 실책이 있었고, 사우디보다 경기력이 떨어진다는 혹평을 받았다. 경기가 끝난 뒤 한 사우디 축구 팬이 한국 방송과 진행한 인터뷰에서 "메시는 어디에 갔나요?"라고 장난스럽게 말한 장면은 세계적으로 인기를 누리며 많은 패러디를 낳았고 대회 기간 내내 이슈가 되기도 했다.

사우디전 패배로 2021 코파 아메리카 우승 당시 젊지만 최근 아르헨티나 대표 선수로 뛰며 선수들과 유대감, 큰형 리더십 등으로 전술, 전략보다 팀 분위기를 잘 만든다며 호평을 받은 리오넬 스칼로니 감독, 로베르토 아얄라, 왈테르 사무엘, 파블로 아이마르 코치 등은 경험이 부족하고 전술이 뒤떨어진다는 지적을 받기도 했다. 하지만 메시와 아르헨티나는 시련을 극복하고 대회를 거듭하며 더 강해졌다. 멕시코와 2차전, 폴란드와 3차전 경기를 내리 이겨 가까스로 조 1위를 차지하며 16강에 오를 수 있었다. 메시는 정작 첫 경기였던 사우디전보다 멕시코전에 더 어려웠다고 했다. 실제로 아르헨티나의 멕시코전 경기력은 여전히 비판의 도마 위에 있었다. 후반 19분 메시의 왼발 중거리슛 득점이 나오기 전까지 아르헨티나가 승리를 장담하기 어려운 분위기였다. 메시는 대회를 마친 뒤 인터뷰에서 "멕시코전이 가장 부담이 컸다"고 말했다.

호주를 상대한 16강전은 4-1 완승으로 가볍게 통과했지만 네덜란드와의 8강전은 쉽지 않았다. 결승 프랑스전처럼 2-0 리드 상황에서 막판에 두 골을 내줘 승부차기까지 치러야 했고, 메시가 1번 키커로 성공시킨 뒤 엔소 페르난데스가 4번 키커로 실축했으나 결국 합계 4-3 승리로 4강에 올랐다. 경기 중에 메시가 페널티킥을 성공시킨 뒤 루이 판 할 네덜란드 감독을 향해 도발적인 골 세리머니를 한 것도 이슈가 됐다. 경기 후 수훈 선수 인터뷰 중에 메시가

그 주변을 서성이던 네덜란드 대표 공격수 바우트 베호르스트를 향해 "뭘 봐, 바보야! 저리 꺼져!"라고 소리친 일도 있었다. 경기 전 기자회견에서 판 할 감독이 메시와 아르헨티나를 충분히 막을 수 있다는 발언을 했던 것이 아르헨티나 선수들에게 조금은 과장스럽게 번역, 전달되어 감정이 격앙됐다. 경기 중에 선수들 사이의 감정 다툼과 충돌도 있었다. 메시는 판할 감독과 바르셀로나에서 함께 하던 시절 불화가 있었던 아르헨티나 대표팀의 선배 후안 로만 리켈메의 시그니처 포즈를 판할 감독 앞에서 선보였다. 명백한 도발이었다. 경기 후 베호르스트는 인사를 하고 유니폼을 바꾸고 싶어 찾아갔는데 오해를 받았다. 메시도 이후에는 "그때 내 행동을 후회한다"고 말했다. "경기 전에 들은 말, 경기 중에 일어난 일로 인해 순간적으로 그런 행동을 하게 됐다. 너무 격렬한 경기였고 생각할 겨를도 없이 내 감정이 자연스럽게 표출되어버렸다. 지금 스스로 돌아보면 후회가 된다. 그 순간에 내가 너무 감정적이었다."

메시가 카타르 월드컵 우승에 얼마나 큰 열망을 보였는지 알 수 있는 에피소드였다. 사실 카타르 월드컵에서 메시가 기록한 득점 상당수는 페널티킥이었는데, 준결승전에 마침내 메시의 전매특허 플레이가 나왔다. 메시는 대회 최고의 수비수로 꼽히던 요슈코 그바르디올의 방어를 약 50미터 드리블 끝에 돌파한 뒤 훌리안 알바레스의 골을 어시스트하는 명장면을 연출하며 크로아티아전 3-0 완승을 이끌었다. 아르헨티나는 지난 대회 준우승국, 우승국을 차례로 제압했다.

DON'T CRY FOR ME ARGENTINA

특히 지난 2018 러시아 월드컵에서 16강 탈락의 아픔을 안긴 프랑스에 설욕했다. 차세대 축구황제로 불리던 음바페 앞에서, 아직 최고는 메시라는 것을 보여준 경기이기도 했다. 파리생제르맹의 팀메이트로 호흡을 맞추고 있기도 한 둘은 서로 득점을 한 뒤 눈을 마치며 손을 불끈 쥐는 도발을 주고받기도 했다. 하지만 우승을 차지한 뒤 메시는 음바페를 위로했다. 소속팀으로 돌아온 뒤에는 서로 사이가 더 좋아졌다고 알리기도 했다. 또 하나 주목할 점은 사우디와 대회 첫 경기 패배 장소에서 우승컵을 들어올렸다는 점이다. 대회 첫 이변이자 최대 이변이었던 11월 22일 루사일 스타디움에서 당한 사우디전 패배는, 프랑스와 결승전을 루사일에서 치르고 승리해 우승을 차지하면서 깔끔하게 치유됐다. 그야말로 완벽한 반전 드라마였다. 메시에 의한, 메시를 위한, 메시의 월드컵으로 끝났다.
리오넬 메시는 축구 역사의 불멸의 존재가 됐다. 지금 당장 메시가 은퇴해도 그 누구도 범접할 수 없는 역사상 최고의 선수여다고 기억될 것이다. 하지만 아르헨티나 대표로 내리 세 번의 우승을 이룬 메시는, 여기서 멈추지 않겠다고 했다. 대회가 열리기 전, "이번이 나의 마지막 월드컵이 될 것"이라고 공언했지만, 아메리카 대륙에서 열릴 2026 미국 · 캐나다 · 멕시코 월드컵에서도 메시의 모습을 볼 수 있을 것이라고 기대하는 이들도 많다. 메시의 아르헨티나 대표팀 커리어는 아직 끝나지 않았다.

메시의 드리블 비밀

COLUMN 메시의 최대 강점은 파울이 아니고선 빼앗을 수 없는 섬세한 드리블이다. 발재간이 화려한 것이 아니라 상대가 빼앗을 수 없는 곳으로 공을 빼내고 전진하는 능력을 갖췄다. 메시는 그 비결에 묻자 이렇게 답했다.

가능한 공을 발에 가까이 두려고 한다.
상대 선수로부터 공을 지키려고 노력한다.
가까이 공을 두는 드리블을 시도하는 것에 특별한 비밀이 있는 것은 아닌데…
항상 상대 선수들과 일대일로 마주하게 되는 상황을 만들려고 시도한다.
수비수의 움직임을 기다린 뒤 그와 함께 플레이한다.
수비수가 무얼 하는 지 보고 한쪽으로 가는 척하면서 속이고 다른 쪽으로 가는 것이다.
난 공을 보지 않고, 상대의 발을 주의 깊게 본다.
공이 어디에 있는지 이미 알고 있기 때문이다.

공을 신체 중심에 최대한 가깝게 두고, 상대의 발이 움직이면 그 반대 방향을 택한다. 말로는 쉽지만 수비의 예측을 벗어나기 위해선 이 동작을 매우 빠르게 수행해야 한다. 메시의 드리블을 과학적으로 분석한 결과 메시는 초당 4.5 걸음을 걸을 정도로 발놀림이 빨랐다. 육상 세계 기록을 보유했던 자메이카 선수 아사파 포웰이 2007년에 기록한 초당 4.4 걸음보다 빠른 수치다. 메시는 발만 빠른 것이 아니다. 사고의 속도와 판단의 속도도 빠르다. 빠르고 정확한 판단을 내리기 위해선 먼저 정확한 상황 파악 능력이 필요하다. 메시의 개인 트레이너로 수년간 근거리에서 메시를 지켜본 후안호 브라우는 메시의 시야 범위가 굉장히 넓고, 비상한 기억력을 갖고 있다고 밝혀다.

메시는 360도 전체에서 모든 정보를 얻고 있다. 그걸 알게 되면 꽤 놀라게 될 거다.
메시는 어디에 무엇이 있는지 정확히 알고 있다.
그는 자신이 본 모든 것을 기억해내는 능력이 있다.
인지 지능이 아주 뛰어나다. 그리고 그런 습관을 갖고 있다.
메시는 자신의 직업적으로 아주 지적인 인물이다. 다른 사람이 보지 못하는 것까지 본다.
그는 타깃이 아니라 골을 향해 슈팅을 한다. 이는 아주 다른 것이다.
선수들은 골 에어리어에 가면 양쪽 포스트와 크로스바, 즉 골대 세 개를 본다.
메시는 여기에 골키퍼를 같이 보고 어느 시점에 슈팅 하는 것이 좋을지 계산을 한다.
적합한 시점을 수 초 안에 찾아낸다.

바르사 유소년 팀에서 메시와 함께 자랐던 스페인 미드필더 세스크 파브레가스도 메시의 장점으로 기술보다 지능을 꼽았다. "메시는 머리가 좋았다. 자신이 해야 할 일과 하지 말아야 할 일에 대해 늘 잘 알고 있었다. 경기장에서나 드레싱룸, 그 밖에서도 모두 그랬다." 메시는 자신이 말이 없는 것에 대한 질문에 "난 듣는 것을 더 선호한다. 말할 것이 없는데 굳이 왜 이야기하나"고 반문한 적이 있다. 자신의 생각을 꺼내기보다 주변의 생각을 듣고, 파악하고 사고하는 성격이다. 이를 통해 최대한 많은 정보를 습득하고, 해석하는 사고력을 갖게 되었다. 메시는 말보다 사색을 즐긴다. 2015년 영국 축구지 '포포투 Four Four Two'와 가진 인터뷰에서 "내가 직접 차를 몰고 간다. 드라이브를 즐기긴 하지만 최대한 얌전히 운전한다. 혼자 차를 몰면서 훈련 전에 조용히 생각할 수 있어 좋다. 경기를 앞두고도 마찬가지다. 생각에 집중하기 위해서 항상 같은 길을 이용한다"며 사색하는 습관을 갖고 있다고 밝혔다. "상상하기를 좋아한다. 상대 수비수라든가 어떤 플레이 상황을 머릿속으로 그린다. 당연히 최상의 시나리오를 상상해야 한다. 이미지 트레이닝은 굉장히 효과가 좋다고 생각한다." 똑같이 상황을 파악하고, 뛰어난 기술과 스피드를 갖춰도 올바른 판단을 내릴 수 있는 명민함이 없다면 좋은 결과를 낼 수 없다. 메시는 이 모든 부문에서 완벽하다. 메시도 자신이 성공을 거둔 과정에는 기술적인 훈련뿐 아니라 좋은 판단을 내리기 위한 지능적인 노력을 했던 것이 중요하다고 말했다.

지난 몇 년 간 팀 전술 훈련을 하면서 공이 없는 상황에서의 움직임이 좋아졌다.
전술 훈련이 경기 도중에 보이는 움직임에 많은 도움을 줬다.
팀과 함께 하면서 항상 공을 받기 위한 최적의 공간을 찾으려고 시도한다.
사람들이 영리하다고 말하는 이유는, 선택이 필요한 상황에서
내가 올바른 결정을 내렸기 때문이라고 생각한다.
공을 가지고 있을 때가 경기의 전부가 아니다.
지쳤을 때나 공이 없을 때 상황을 지켜보고 영리하게 플레이해야 한다.

아르헨티나 대표팀과 바르사에서 모두 메시와 함께 생활했던 미드필더 하비에르 마스체라노는 메시가 보통의 선수들과 다른 점으로 수동적 선택이 아니라 능동적 선택을 내린다는 것을 꼽았다. "나는 경기 흐름 속에 올바른 선택을 내리기 위해 선택한다. 보통 선수들은 경기 상황에 통제 당한다. 메시는 공을 잡을 때나 잡지 않을 때 자신의 선택을 통해 경기를 통제하려 한다. 그 점이 다르다." 메시는 자신의 판단이 주도적인 배경으로 사전에 미리 계획하거나, 미리 정해진 플레이를 하는 것이 아니라, 그보다 즉흥적으로 답을 찾는 방식을 취하기 때문이라고 설명했다. 때로 과도한 계획은 판단은 보수적이고 경직되게 만든다. 메시는 즉각적으로 그때 그때 최상의 판단을 내린다. 그가 가진 모든 장점이 지체 없이 시너지를 낸다.

> 난 경기장 위에서 생각하지 않는다. 공을 얻는 것에 대해서만 집중한다.
> 공이 있어야 플레이할 수 있기 때문이다. 공을 잡으면 그때 플레이한다.
> 드리블에 대한 계획을 세우지는 않는다. 저절로 나오는 것이다.
> 훈련 중에 상대팀이 누구인지 따로 생각하지 않는다. 상관없다.

이렇게 최고의 선수가 된 메시가 전성기를 길게 이어갈 수 있는 이유는 정상의 자리에 올랐음에도 자신의 단점과 한계를 극복하기 위해 부단한 노력을 기울였기 때문이다. 중요한 것은 그 노력이, 노력을 위한 노력이 아니라 즐거운 마음으로 기꺼이 임한 노력이었다는 점이다. 2012년 1월, 세 번째 발롱도르를 수상했을 때 메시는 "난 아직도 훈련장에서 가장 늦게 떠나는 것에 익숙하다. 라커룸에 있는 것도 좋다. 다른 것은 더 할 필요 없다고 생각한다. 난 축구를 사랑하고 축구 훈련도 사랑한다"고 말했다. 네 번째 수상을 했을 때도 그의 자세는 달라지지 않았다. "나의 야망은 계속해서 발전하기 위해 노력하는 것이다. 축구계에서 나도 예외가 아니다. 내 목표는 성장하는 것이다. 내가 지금 갖고 있는 것에도 불구하고, 난 늘 모든 면에서 더 나아지고 싶다." 즐기는 것보다 더 좋은 동력은 없다. 메시는 다른 어떤 덕목보다 성공을 위한 최고의 재료를 갖고 있는 것이다.

PARIS Match

파리의 도전

축구 비즈니스에서 영원한 것은 없다.
그럼에도 메시와 바르셀로나의 동행은 너무나 갑작스럽게 종료되었고,
그 마지막 작별 의식은 생각 이상으로 단출하게 치러졌다.
메시와 파리생제르망은 빅이어 트로피를 꿈꾸며 파트너십을 이뤘지만, 염원했던 바를 이루지 못했다.
'실패'라고 부르는 것은 가혹하지만, '성공'이라고 부르는 것 역시 가당하지 않은 짧은 조우였다.

> "
> 10년 전에 메시를 영입한다고 말했다면 믿지 못했을 것이다.
> 우리는 세계 최고의 선수를 얻게 됐다.
> 메시와 가족들에게 제안을 수락해줘서 감사하다고 말하고 싶다.
> 메시 같은 선수가 파리에서 뛰게 되어 영광이다.
> 우리 목표는 모든 경기에서 승리하고 모든 대회에서 우승하는 것이다.
> 메시가 그 목표에 가깝게 해줄 것이다.

나세르 알 켈라이피 파리생제르맹 회장

01

바르셀로나를 떠나다

평생을 바르셀로나에서 뛸 것 같았던 메시의 커리어는 코로나19 팬데믹, 라리가의 자체 샐러리캡 규정으로 인해 급격한 반전을 맞이하게 된다. 코로나19 팬데믹으로 인해 2019-20시즌 챔피언스리그 토너먼트는 8강전부터 포르투갈 리스본에서 단판전으로 열리는 것으로 바뀌었다. 이때 바르셀로나는 바이에른뮌헨을 상대로 2-8 충격적인 대패를 경험한다. 그 패배는 메시가 바르셀로나에서의 시간에 회의를 느끼는 계기가 되어, 자신의 계약 조건에 포함되어 있는 계약 해지 옵션을 발동하고자 내용증명을 보내는 사건이 벌어진다. 결국 옵션 발동 기한 문제로 일단락됐지만, 1년 뒤 여름에는 바르셀로나가 해결할 수 없는 문제가 생기고, 결국 메시는 자신의 의지와 관계없이 바르셀로나를 떠나게 된다.

사건의 발단은 2017년 여름 네이마르의 파리생제르맹 전격 이적이다. 파리생제르맹이 2억 2,200만 유로의 천문학적 바이아웃 금액을 지불하며 바르셀로나가 거부할 수 없는 거래를 성사시켰다. MSN 트리오의 한 축이자, 메시의 뒤를 이을 차세대 에이스로 여긴 네이마르의 이탈은 바르셀로나가 상상하지 못한 타격이다. 네이마르 자신도 메시의 뒤를 이어 에이스가 될 것으로 기대했으나, 막상 메시의 전성시대가 언제까지 이어질지 모르는데다, 자신이 어떤 활약을 펼쳐도 메시의 그늘에 가려질 수밖에 없다는 사실에 전격 이적을 결정했다. 네이마르를 잃은 바르셀로나는 메시마저 이런 식으로 잃을 수 없다는

생각에 2017년 11월 메시와 재계약 과정에 축구 역사상 이전에 없던 초대형 재계약을 맺었다.

메시 재계약의 세부 사항이 공개된 것은 2021년 1월 말 바르셀로나가 코로나19 팬데믹 타격으로 파산에 직면할 정도의 재정 위기를 마주하게 됐고, 메시의 계약 기간이 2021년 여름 만료되는 상황 속에 재계약이 불투명해졌기 때문이다. 스페인 노동법상 신규 계약 시 직전 연봉의 50% 이상을 삭감할 수 없는 규정이 있는데, 스페인프로축구연맹이 적용하는 선수 등록 기준에 비율형 샐러리캡을 준수하는 데 있어 메시의 거액 연봉이 문제가 됐다. 스페인 일간지 '엘 문도(El Mundo)'가 공개한 메시의 계약 내용에 따르면 4년 계약에 총액 5억 5,523만 7,619유로, 한국 돈으로 세전 기준 7,528억 6,340만 원이라는 전 세계 스포츠 최고 연봉 선수인 것으로 드러났다. 이는 초상권 및 보너스를 포함한 수령액 총액을 기준으로 한 것이지만 연간 실 수령액이 무려 1,015억 원에 달하는 엄청난 액수다. 당시 메시와 더불어 세계 축구 선수 연봉 1위를 다투던 레알 마드리드의 크리스티아누 호날두가 약 443억 원, 파리로 떠난 네이마르가 약 480억원을 수령하고 있었으니 메시의 연봉은 그들의 두 배가 넘는 압도적 1위였다. 이는 당시 세계 스포츠 선수 최고 연봉으로 알려진 미국 NFL 캔자스시티 치프스의 쿼터백 패트릭 마홈스가 10년 계약을 체결하며 보장받은 연봉 600억원마저 크게 상회하는 액수였다. 유럽 축구보다 상업적 규모가 크다는 미국 메이저리그 LA 에인절스의 마이크 트라웃이 받던 12년 계약 연봉 3,600만 달러(약 402억 원) 역시 훌쩍 뛰어넘는 액수다.

바르셀로나는 메시를 지키기 위해 무리한 규모의 계약을 맺었다. 네이마르가 떠나고 수아레스가 하향세를 보이면서 바르셀로나가 라리가와 챔피언스리그에서 꾸준히 성적을 내기 위해 메시에 대한 의존도가 점차 커졌다. 그런데 2020년 2월, 전 세계를 충격과 공포에 빠트린 코로나19 팬데믹으로 인해 장기간 리그가 중단되고, 재개 이후에도 무관중 경기로 인해 매치데이 수익이 사라지는데다, 그 밖의 관광 수익이 증발하자 바르셀로나는 순식간에 부채가 1조 원을 돌파하는 전대미문의 위기를 맞이했다. 이로 인해 2021년 1월 이적 시장에 메시를 파리생제르맹이나 맨체스터시티로 이적시켜 부채를 탕감하려 한다는 소문이 돌았고, 실제로 해당 팀들이 오일 머니를 기반으로 접근했다. 하지만 당시 회장은 주제프 바르토메우는 메시를 매각할 '원흉'으로 남길 거부했다.

메시도 바르셀로나 잔류만을 생각했다. 바르토메우 회장은 바르셀로나의 부채 문제를 해결하지 못한 채 탄핵 투표 운동이 진행되는 진통 속에 사임했고, 새로운 회장 선거가 진행되는 등 바르셀로나 경영권에 큰 풍파가 일었다. 그런 가운데 신임 회장으로 당선된 조안 라포르타는 과르디올라 감독과 메시가 트레블을 달성하던 시절의 주역으로, 메시와 좋은 관계를 맺고 있었고, 자신이 당선되면 메시를 지킬 것을 공약으로 내세우기도 했다. 하지만 막상 회장으로 부임한 뒤에 바르셀로나의 재정 상태가 생각했던 것보다 심각한 것을 확인했다. 일각에서는 애초에 어려울 것이라는 것을 알고도 공수표를 날린 것이고, 메시를 속였다고 비판하기도 한다. 라포르타 회장은 부임 후 바르사의 각종 자산과 지분을 일부 매각하고 미래 중계권

수익까지 매각하며 발등의 붙은 파산 위기의 불을 끄고 '원나우'를 목표로 선수단에 재투자해 비판을 받았다. 하지만 무엇보다 큰 비판 요소는 결국 2021년 여름 메시가 자유계약 선수로 풀려 파리생제르맹으로 향하는 일을 막지 못한 것이다.

2020-21시즌이 끝나고 바르셀로나와 계약이 종료된 메시는 2021 코파 아메리카 우승을 이루고 다시 바르셀로나로 돌아온 시점까지 제2의 고향이자 자신의 아이들이 나로 자란 바르셀로나를 떠날 생각이 없었다. 실제로 바르셀로나가 제시한 재계약에 서명했다. 거액의 연봉 삭감을 받아들인 것이다. 하지만 2021년 8월 6일, 바르셀로나는 메시가 결국 팀을 떠나게 됐다는 다음 성명문을 발표한다.

클럽과 선수가 새 계약을 맺는 것을 오늘 합의했지만 라리가 재정 규정 문제로 인해 선수 등록을 할 수 없었다. 이런 상황으로 인해 메시는 더 이상 바르셀로나에 머무를 수 없다. 양자 모두 함께하고 싶었으나 이룰 수 없었다. 바르셀로나는 메시가 구단에 기여한 것에 감사를 전하며 개인적으로, 선수로 모두 그의 미래에 행운을 빈다.

이적 시장 전문가로 유명한 이탈리아 축구 전문 기자 파브리치오 로마노는 바르셀로나와 메시의 결별 과정의 뒷 이야기를 전했다.

메시는 재계약을 위해 바르셀로나 있었다. 의견 대립 없이 완전히 합의했고 발표 예정이었다. 그러나 바르사는

메시에게 라리가 규정 거부로 계약이 현재 불가능하다고 전했다. 다른 선수들의 문제도 연결되어 있다. 메시는 라포르타 회장이 솔직히 말해준 것에 감사를 표했다. 파리는 이미 메시와 직접 접촉을 시작했다. 파리는 어제 메시의 상황에 대해 문의하고 접촉을 시작했다. 바르사와 계약이 불발된 직후부터. 메시는 시간을 두고 상황을 볼 것이다. 그는 몇 달 전에 파리와 맨시티의 제안을 거절한 바 있고 바르사 잔류만을 원했다.

메시를 잔류시키는 것은 조안 라포르타 회장의 최우선 과제였으나 신규 재계약 시도는 클럽의 재정 문제로 복잡해졌다. 메시의 계약은 7월 1일 만료되어 자유 계약 선수가 됐으나 그가 잔류할 것이라는 예상이 많았다. BBC 칼럼니스트 기엠 발라게는 "바르사에서 메시는 연봉 1억 4,000만 유로를 받았고, 세금 40~50%를 제하고 받았다. 스페인 법에 따라 연봉 삭감은 50%만 가능했다. 그 액수로 합의했다. 하지만 바르셀로나는 부채가 10억 유로에 달해 메시 계약을 감당할 수 없었다"고 알렸다.

메시가 자유계약 선수로 풀릴 가능성이 제기됐을 때 과르디올라 감독이 이끄는 맨체스터시티, 네이마르와 음바페를 보유한 파리생제르맹이 메시 영입을 위해 움직임을 보였다. 하지만 맨체스터시티는 애스턴빌라 미드필더 잭 그릴리시 영입에 이미 1억 파운드의 이적료를 투자했고, 해리 케인 영입 협상도 진행하고 있어 여력이 부족했다. 파리생제르맹이 더 적극적으로 움직였고, 바르셀로나의 메시 계약 등록이 불발되고 협상을 본격적으로 전개했다. 프랑스의 'RMC 스포르(RMC Sport)'는 "바르셀로나가 목요일에 메시의 퇴단을 공식 발표하고 곧바로 메시와 파리생제르맹의 협상이 시작됐다. 물론 협의는 까다로운 상황이다. 잔루카 디마르초가 보도한 것처럼 협상은 진행 중이다. 재정적 관점에서 아주 어려운 협상이다. 파리의 구단 재정도 타격을 입었고 메시를 영입하려면 올 여름에 선수를 매각해야 한다. 메시의 친구인 네이마르의 존재는 메시 영입에 이점인 것은 사실이다"라고 보도했다. 그런 가운데 메시와 파리생제르맹이 합의했다는 보도가 퍼졌다. 소문이 무성한 가운데 메시는 캄노우 경기장에서 2021년 8월 8일, 고별 기자회견을 가졌다. 이 기자회견은 이례적으로 유튜브 채널을 통해 전 세계에 생중계됐고 수백만 명이 지켜봤다.
가족들은 물론 소속팀 동료들까지 회견장에 찾아와

좋은 아침입니다. 제가 말을 할 수 있을지 모르겠어요.
요즘 나는 내가 할 수 있는 말을 생각하고,
또 생각하고 있었습니다.
사실은 아무것도 나오지 않았어요, 말문이 막혔죠.
지금 이 순간은 저에게 매우 어려운 시기입니다.
준비가 안 되어 있었어요.
오늘 저는 바르셀로나에서의 생활과 작별을 고해야 합니다.
이곳에서 많은 세월을 보냈죠.
저는 13세의 어린 나이에 왔고, 21년이 지나
아내 그리고 세 명의 카탈루냐계 아르헨티나
아이들과 함께 떠납니다.
여기가 우리 집이에요. 제가 경험했던 모든 것에 대해,

심지어 우리가 보지 못한 모든 것에 대해 팀 동료들, 클럽 관계자들에게 감사해야 합니다.
저는 항상 겸손과 존경으로 자신을 다루려고 노력했고, 이 집 바르셀로나의 모든 사람들에게도 그렇게 했습니다.
저는 클럽에 많은 것을 주는 것 외에도 남길 수 있는 게 더 있었으면 좋겠어요.
아름다운 일도 많이 겪었고, 나쁜 일도 많이 겪었지만, 그것이 저를 성장하게 했어요.
이 클럽과 이 셔츠에, 제가 도착한 첫날부터 마지막날까지 모든 것을 바쳤습니다.
이런 식으로 작별 인사를 하고 싶진 않았어요. 그런 생각은 해본 적은 없었지만,
현장에서 사람들과 함께 하고 싶었습니다.
마지막 박수라도 받고 싶었어요.
사람들이 제 이름이 적힌 셔츠를 입고 기립박수를 보내주는 것을 보고, 듣고 싶었어요.
제 상상으로는 경기장이 꽉 찬 가운데 마지막 작별인사를 할 수 있을 것 같았어요.
그동안의 애정에 감사드립니다.
사람들의 정은 언제나 한결같았고 저는 이 클럽의 인정과 사랑을 느꼈습니다.
어떤 식으로든 이 클럽에 돌아올 수 있기를 바랍니다.
앞으로도 이 클럽이 세계 최고가 될 수 있도록 제가 기여할 수 있기를 바랍니다. 모두에게 감사합니다.

TIMELINE
메시와 바르셀로나의 결별 타임라인

2020. 8. 25	메시가 바르사에 팩스를 보내 계약 해지 조항 행사 요청
2020. 9. 04	메시 바이아웃 효력으로 이적 불가해 잔류 선언
2020. 10. 27	메시와 불화 바르토메우 전 회장 사임
2020. 12. 28	메시, "언젠가 미국에서 뛸 수 있다. 계약 만료 후의 내 미래 알 수 없다"
2021. 1. 31	엘문도, 메시 연봉 1억 4000만 유로 조건 공개… 구단 법적 대응 시사
2021. 5. 22	PSG, 메시 계약 상황 주시
2021. 5. 28	라포르타 바르사 회장, "메시 재계약 잘 진행되고 있다"
2021. 7. 1	메시 바르사 계약 공식 만료
2021. 7. 15	메시 연봉 삭감 계약으로 2026년까지 재계약 합의
2021. 8. 5	바르사, 클럽 재정 및 라리가 규정 문제로 메시 퇴단 발표
2021. 8. 8	메시 눈물 속 기자회견
2021. 8. 10	메시 PSG 2년 계약 체결 보도

지켜보는 가운데 메시는 눈물을 참지 못했다. 조르디 알바를 포함한 바르셀로나 동료들도 눈시울을 붉히며 메시가 떠나는 순간에 함께 자리했다. 본격적인 이야기를 하기에 앞서 한동안 눈물을 닦아야 했던 메시는 담담하게 바르셀로나를 떠나게 된 소회를 전한 뒤 사전 준비된 대본 없이, 즉석에서 이뤄지는 취재진의 질문에 솔직하게 대답했다.

메시의 사전 발언이 끝나자 회견장에 참석한 모든 이들이 일어나 기립박수를 보냈다. 메시는 13살에 바르셀로나에 왔고, 떠나고 싶지 않았는데, 무관중 경기 상태에서 팬들과 함께 경기를 치러보지 못하고 떠난 것이 너무 안타깝다고 말했다. 사실 메시는 바르셀로나의 부진이 깊어지고 구단 운영에 심각한 회의론이 제기된 2020년 여름 스스로 이적을 원한다는 인터뷰를 해서 논란이 된 적도 있었다. 하지만 2021년 여름의 생각은 달랐다며 취재진의 질문에 하나하나 상세하게 대답했다.

라포르타에게 이미 얘기했었어요. 문제가 해결됐죠. 하지만 라리가 규정 문제로 불가능했어요. 모두가 그 점에 동의한 거죠. 우리는 모든 걸 시도했어요. 구단은 라리가 문제로 할 수 없다고 했어요. 왜 계속 못하게 되는 것인지 많은 것을 들었습니다. 지난해엔 남고 싶지 않았지만 올해는 남고 싶었어요. 모든 문제를 해결했고 모두가 저의 잔류를 위해 노력했습니다. 제 입장에서 솔직하게 말씀드리는 것이고 사람들을 절대 속일 생각은 없습니다. 저는 급여 50%를 낮췄고 그 뒤로 누구도 제게 아무 것도 더 요구하지 않았습니다. 30%를 추가로 더 줄여달라고 했다는 보도 내용은 거짓말입니다. 사실이 아닙니다.

메시는 바르셀로나에서의 시간을 돌아보며, 다시 나아갈 것이고, 또 언젠가는 돌아올 수 있다고 말했다.

머리 속에 많은 생각이 지나갑니다. 멍해요. 오늘까지 믿어지지 않아요. 제 삶 전체가 완전히 달라지는 겁니다. 16년 전에 1군 팀에 들어왔고 모든 게 시작됐어요. 이제 제 가족의 삶도 달라지게 됩니다. 그동안 이 도시에 살았는데 이제는 새로운 환경에 적응해야 합니다. 받아들이고, 새롭게 시작해야 합니다. 오늘날까지 최선을 다했습니다. 여기를 떠나면 더 실감날 수 있겠지만 중요한 건 가족들과 함께 축구를 계속할 것이라는 점입니다. 다시 플레이하게 된다면 이런 감정이 조금은 사라질 것 같습니다. 한 순간을 꼽기 어려워요. 많은 세월동안 많은 일이 있었죠. 모든 순간 중에는 데뷔전을 꼽고 싶어요. 제 꿈이 이뤄진 날이다. 모든 눈부신 순간은 그날부터 시작될 것입니다. 바르사에는 계속해서 선수들이 올 겁니다. 클럽은 선수 한 명보다 중요합니다. 사람들은 적응할 것입니다. 처음에는 이상하겠지만 훌륭한 선수들이 오고 위대한 팀이 구성될 것입니다. 저는 또 다른 챔피언스리그 우승을 꿈꾸고 있습니다. 리버풀과의 준결승전, 과르디올라 감독과 함께 했던 첼시와의 준결승전에도 우승 직전에 놓쳤던 적이 있죠. 챔피언스리그 우승을 더 할 수 있었지만 후회는 없습니다. 늘 최선을 다하려고 하지만 가시밭길도 있었죠. 제 목표는 계속 우승해서 다니 아우베스의 우승 기록을 따라잡는 것입니다. 최소한 가까이 가도록 노력할 것입니다. 미래에 어떤 상황으로든 저는 다시 바르셀로나로 돌아올 것입니다.

메시는 이 자리에서 파리생제르맹 이적에 대한 소문에 대해 확정은 아니라고 했다. 회견 하루 전 스페인, 프랑스 및 유럽 내 공신력 높은 매체들이 앞다투어 메시의 파리생제르맹 입단이 유력하다고 보도했다. 미국의 스포츠 매체 '디애슬레틱(The Athletic)'의 보도에 따르면 메시는 바르셀로나와 계약이 무산된 직후 직접 마우리시오 포체티노 감독에게 연락해 이적을 논의했다. 프랑스에서 오후 9시부터 심야까지 모든 일이 진행됐다. 파리의 상업적 파트너 모두가 이 기회를 극대화하기 위한 방안을 논의했다. 메시 영입은 더 큰 수익을 가져다줄 것으로 결론이 내려졌다. 스페인 방송 '엘치링기토 TV(El Chiringuito TV)'의 주젭 페드레롤은 "메시의 파리행은 아주 근접했다"고 했다. 프랑스 '레키프(L'equipe)' 보도에 따르면 메시는 연간 세후 4700만 달러(약 538억 원) 연봉에 3년 계약을 수락했다. 네이마르가 메시를 위해 등번호 10번을 양보하겠다고 밝혔다는 이야기도 돌았다. 그러나 메시는 이를 사양했다. 메시는 회견 현장에서 협상 사실은 인정했다.
"파리생제르맹은 하나의 가능성입니다. 하지만 그 이상은 지금 말할 수 없어요. 제게 관심이 있다는 클럽들의 연락이 많이 있습니다. 아직 아무 것도 완료된 것은 아닙니다. 하지만 계속해서 대화 중입니다."

02

환호 뒤의 야유,
마지막 도전

메시의 파리생제르맹 입단식은 화려했고 뜨거웠다. 하지만 그 기대를 충족시키기 위한 여정은 순탄치만은 않았다. 메시는 이제 파리생제르맹에서 유종의 미를 거두기 위한 동기부여로 무장했다. 메시의 파리생제르맹 입단 공식 발표와 입단식이 진행되는 데에는 결별 회견 이후 오랜 시간이 걸리지 않았다. 파리생제르맹은 바르셀로나 고별 회견 3일 뒤, 메시의 화려한 입단 행사를 진행했다. 2023년까지 2년 계약, 등번호는 네이마르가 이미 10번을 달고 있었기에 30번으로 결정됐다. 디애슬레틱은 메시의 파리생제르맹 이적 과정의 상세한 이야기를 소개했다.

바르셀로나가 지난 목요일 오후, 메시가 떠날 것이라고 발표했을 때 파리는 처음에는 움찔도 하지 않았다. 물론 파리는 메시를 동경했고 2011년 카타르 투자청이 파리의 지분 70%를 매입한 이후 오래 꿈꿔왔던 선수였다. 실제로 나세르 알켈라이피 회장은 파리 인수 이후 메시의 에이전트인 부친 호르헤 메시와 접촉이 잦은 편이었다. 알켈라이피 회장은 지난해 여름 메시가 바르사와 멀어지자 메시 계약을 위해 첫 시도에 나섰고, 1년 후 파리는 메시 영입에 성공했다. 화요일 아침 양측은 연간 2,500만 유로의 세후 연봉 및 2,500만 유로의 계약금으로 최종 합의에 도달했다. 계약 기간은 2년이며 같은 조건으로 1년 연장 옵션이 있다. 파리는 토요일 점심까지는 협상이 원칙적으로 합의되지 않았다고 밝혔으나

LIONEL MESSI

메시는 일요일 점심에 공식 회견을 통해 바르셀로나와 작별을 고했다. 파리가 계약한 메시는 축구 역사상 최고의 선수로 여겨진다. 디애슬레틱은 이 계약에 대해 여러 소식통의 이야기를 들었다.

자유계약 선수인 메시는 2,500만 유로(약 340억 원) 계약금을 받게 되며, 연봉 2,500만 유로로 2년 계약이다. 같은 액수로 3년차 계약도 가능하다. 파리는 메시와 마우리시오 포체티노 감독이 목요일 오후 전화 통화를 나누기 전까지 메시의 영입이 불가능할 것이라고 생각했다. 메시에 대한 투자는 파리의 현 선수단에서 10명의 선수를 시장에 내놓을 수 있다는 것을 의미한다. 파리는 올 여름 폴 포그바와 계약하는 대신 맨유에서 그가 마지막 해를 보내고 자유계약으로 오길 기다리게 됐다. 파리는 내부적으로 이번 메시에 대한 투자를 메시가 충분히 상업적 가치로 벌어들일 수 있다고 보고 있다. 이번 계약은 지난해 여름 파리와 맨시티가 준비했던 5억 유로(약 6,785억 원) 이상의 패키지와 비교해 상대적으로 저렴하다고 보고 있다. 파리는 토요일에 유럽 챔피언 첼시가 선수 가족에게 접근하자 영입전이 벌어질 것을 우려했다. 메시의 전 바르셀로나 동료 네이마르가 파리행에 도움을 줬다. 파리는 메시와 계약을 통해 레알 마드리드로 이적하려는 킬리안 음바페를 설득하고 장기적 미래를 파리에 맡길 것이라는 희망을 갖게 됐다. 파리는 메시의 이미지를 내년 카타르 월드컵 기간 상업적 기회 극대화로 연결하고자 했다. 소식통은 메시가 그의 마지막 메이저 대회로 카타르 월드컵에 나설 것으로 확신했다. 나세르 알 켈라이피 파리생제르맹 회장은 메시를 대동하고 의기양양하게 입단 기자회견을 진행했다.

10년 전에 메시를 영입한다고 말했다면 믿지 못했을 것이다. 우리는 세계 최고의 선수를 얻게 됐다. 메시와 가족들에게 제안을 수락해줘서 감사하다고 말하고 싶다. 메시 같은 선수가 파리에서 뛰게 되어 영광이다. 우리 목표는 모든 경기에서 승리하고 모든 대회에서 우승하는 것이다. 메시가 그 목표에 가깝게 해줄 것이다. 우린 재정적 페어 플레이를 준수할 것이다. 우리가 메시와 계약한 것은 그럴 수 있는 능력이 있기 때문이다.

메시도 바르셀로나에서의 눈물을 뒤로하고 새로운 도전을 위한 포부를 밝혔다.

"
파리는 최근 챔피언스리그 우승에 아주 근접했다.
내 꿈은 챔피언스리그에서 또 한 번 우승하는 것이다.
이 목표를 이루기 위해 최선을 다하겠다.
어려서부터 내 꿈은 이기는 것이었다.
난 승리를 사랑하고 내가 넣은 모든 골을 좋아한다.
라커룸에 친구들이 많다.
디마리아와 파레데스가 파리행에 영향을 준 게 사실이다.
새로운 리그에서 새로운 팀, 새로운 경기장을
경험할 수 있게 되어 기대가 된다.

입단식 당일 경기장 앞에 모인 파리생제르맹 열혈 서포터들은 메시의 이름을 연호하며 응원가를 부르고, 메시를 환영했다. 하지만 2022년 3월 13일, 파리의 안방에서 열린 2021-22 프랑스 리그앙 28라운드 지롱댕드보르도와 홈 경기 도중 메시는 홈 팬들의 야유를 받았다. 이 광경을 VIP석에서 지켜보던 메시의 아내 안토넬라 로쿠소가 입술을 질끈 깨무는 모습도

클로즈업됐다. 파리생제르맹은 보르도에 승리했지만 메시와 네이마르가 공을 잡을 때면 홈 팬들이 야유하는 진풍경이 벌어졌다.

파리생제르맹은 2021-22시즌 프랑스 리그앙에서 우승했다. 하지만 메시와 네이마르가 영입된 이유는 챔피언스리그 우승을 위해서다. 파리생제르맹 팬들이 실망한 것은 보르도와 경기 4일 전 치른 레알마드리드와 챔피언스리그 16강 2차전에서의 무력한 패배 때문이었다. 2월 15일 안방에서 치른 1차전 1-0 승리는 후반 추가 시간에 터진 킬리안 음바페의 골 덕분이었다. 하지만 3월 9일 마드리드 원정에서 음바페의 전반 39분 선제골로 유리한 고지를 선점하고도 후반전에 카림 벤제마에게 내리 3골을 내주고 역전패를 당했다. 1, 2차전 합계 1승 1패였으나 합산 득실 3-2로 밀려 탈락했다. 스페인 라리가 무대를 누비며

레알마드리드와의 엘클라시코 맞대결에서 최다 골을 기록한 해결사였는데, 파리 유니폼을 입고 치른 레알마드리드전은 무기력했다. 자신보다 나이가 많은 루카 모드리치의 종횡무진 활약에, 중원에서의 개인 대결도 완패했다.

메시를 향한 파리 팬들의 실망과 야유는 단지 레알마드리드와 챔피언스리그 16강전 부진 때문만이 아니었다. 메시는 2021-22시즌 파리에서 보낸 첫 시즌에 리그앙 26경기 6득점 15도움, 챔피언스리그 7경기 5득점 등 공식 대회 32경기 11득점 15도움을 기록했다. 준수한 기록으로 볼 수 있지만 메시가 2020-21시즌 스페인 라리가 35경기에서 30골 11도움을 기록했던 것과 비교하면 위력이 크게 떨어졌다. 챔피언스리그에서 넣은 5골 중 4골이 비교적 약팀인 라이프치히, 클럽 브뤼헤를 상대로 했다는 점에서 큰 경기 해결사가 되지 못했다. 특히 리그앙에서 한 시즌 내내 6골 밖에 넣지 못한 기록은 가히 충격적이었다. 메시가 정규리그에서 한 시즌 10골을 넘기지 못한 것은 프로 데뷔 후 첫 풀시즌에, 그것도 부상으로 17경기 밖에 나서지 못한 2005-06시즌 6득점 2도움 이후 처음이다. 메시라는 이름값에 걸맞은 활약을 전혀 보여주지 못한 것이다.

하지만 메시에 대한 실망은 오래가지 않았다. 이적 문제로 프리시즌에 몸을 만들지 못했고, 새로운 리그에 와서 새로운 팀에 자리를 잡아야 했던 것은 메시에게도 쉽지 않은 일임을 감안해야 했다. 2022 카타르 월드컵을 준비하며 아르헨티나 대표팀 일정에도 힘이 분산됐다. 2022-23시즌을 정상적으로 준비한 메시는 마침내 프랑스 무대를 평정하고, 파리의 에이스로 활약하기 시작했다. 2022-23시즌 전반기 리그앙 17경기 만에 9득점 10도움으로 19개의 공격 포인트를 올렸다. 챔피언스리그 16강에 진출하는 여정에 조별리그 5경기 4득점 4도움으로 8개의 공격포인트를 몰아쳤다. 다시 우리가 알던 메시의 모습으로 돌아왔다. 시즌 중 치른 2022 카타르 월드컵에서 마침내 세계 챔피언이 된 메시는 파리와 계약 연장까지 고려하는 등 파리에서도 역사를 남기고 싶다는 의지를 밝혔다. 메시는 "챔피언스리그 우승컵을 들기 전까지 파리를 떠나지 않을 것"이라고 말했다. 다시 파리 팬들은 메시를 향해 환호와 갈채를 보냈다. 메시는 바르셀로나에서 이룬 네 번의 챔피언스리그 우승이, 단지 바르셀로나에서 뛰었기 때문에 가능했던 것이 아니라는 것을 입증해내고 싶었다. 스스로 새로운 미션을 부여했다. 그러나…

03

유럽을 떠나
미국으로 향한 배경

카타르 월드컵 우승의 환호는 2022-23시즌 UEFA 챔피언스리그로 이어지지 못했다. 파리생제르맹은 바이에른뮌헨을 상대한 2023년 2월 14일 16강 1차전 홈 경기에서 무기력한 0-1 패배를 당했고, 3월 8일 뮌헨 원정 2차전에서도 0-2로 패배해, 합계 0-3, 무득점 완패로 탈락했다. 메시는 바르셀로나 시절에도 악몽을 안긴 바이에른을 넘지 못했고, 이 패배 이후 파리 팬들의 실망감이 극에 달했다. 메시와 네이마르를 향해 파리의 리그앙 홈 경기에서 일부 극렬 홈 서포터즈의 야유가 터져 나오기도 했다. 메시에게 팀을 떠나라고 종용하는 울트라스의 외침에 메시는 파리와 계약을 연장하려던 생각을 철회했다.

챔피언스리그 탈락에 앞서 2월 8일 마르세유와 쿠프드프랑스 16강전 1-2 패배로 탈락한 파리생제르맹은 리그앙 우승에는 성공했으나 2위 랑스를 겨우 승점 1점 차이로 간신히 따돌릴 수 있었다. 리그앙 38경기 27승 4무 7패로 직전 시즌 해임된 마우리시오 포체티노 감독보다도 저조한 성적으로 우승했다. 갈티에 감독도 1년 만에 동행을 종료할 수밖에 없었다. 메시의 기록은 개인적으로 준수했다. 2022-23시즌 리그앙 32경기에서 16득점 16도움을 올렸고, 챔피언스리그 7경기 4득점 4도움, 트로페데샹피옹 1경기 1득점 등 시즌 전체 41경기에서 21득점 20도움으로 40개의 공격 포인트를 기록했다. 하지만 파리생제르맹이 메시를 영입한 이유는 챔피언스리그 우승이었고, 결국 이를 이루지 못한 채 떠나게 됐다.

LIONEL MESSI

2022 카타르 월드컵을 마친 뒤 크리스티아누 호날두가 연봉 2억 유로라는 스포츠 선수 역사상 최고액 계약으로 사우디 아라비아 클럽 알 나스르에 입단한 가운데. 메시 역시 사우디로 이적할 것이라는 보도가 쏟아졌다. 2023년 5월 10일 세계적인 통신사 로이터(Reuters)를 통해 메시가 사우디 아라비아 클럽 알 힐랄의 연봉 6억 유로 조건에 합의했다는 속보가 나오기도 했다.
알 힐랄은 실제로 메시에게 초대형 계약을 제안했으나 메시는 친정팀 바르셀로나 복귀를 추진했다. 파리생제르맹과 계약이 끝나 이적료 없이 입단이 가능했고, 바르셀로나의 라포르타 회장과 차비 에르난데스 감독이 공식 인터뷰 현장에서 메시의 복귀를 추진 중이라고 말해 기대감이 고조됐다.
스페인프로축구연맹 사무국도 메시가 바르셀로나로 복귀할 수 있도록 자체 재정 규정 조정을 지원할 수 있다는 제스처를 취했다. 메시의 연봉은 바르셀로나가 구단 수익 일부를 배분하는 형태로 기본급을 하향하는 조건이 거론됐다. 하지만 메시는 2023년 6월 7일 스페인 바르셀로나 지역을 기반으로 하는 스포츠 신문 '문도 데포르티보(Mundo Deportivo)', '스포르트(Sport)'와 인터뷰를 통해 "바르셀로나로 갈 수 없게 됐다. 나는 인터 마이애미로 간다"고 발표했다. 하루 전까지 바르셀로나 복귀와 알 힐랄 입단의 두 가지 가능성이 높다는 보도가 대부분이었으나 깜짝 결정이 나온 것이다. 이미 바르셀로나를 떠나 파리생제르맹으로 이적하던 당시 데이비드 베컴이 구단주로 창단해 운영 중인 미국 메이저리그사커 클럽 인터 마이애미는 메시를 원했다. 메시는 2022 카타르 월드컵을 안정적으로 준비하기 위해 유럽에서 커리어를 지속하길 원했다. 2023년 여름에는 자녀들이 원한 바르셀로나 복귀, 천문학적 금액으로 인해 측근들이 원한 사우디행이 부각됐으나 인터 마이애미도 제3의 행선지로 고려되고 있었다.
메시는 바르셀로나 복귀 무산의 이유를 직접 설명했다.

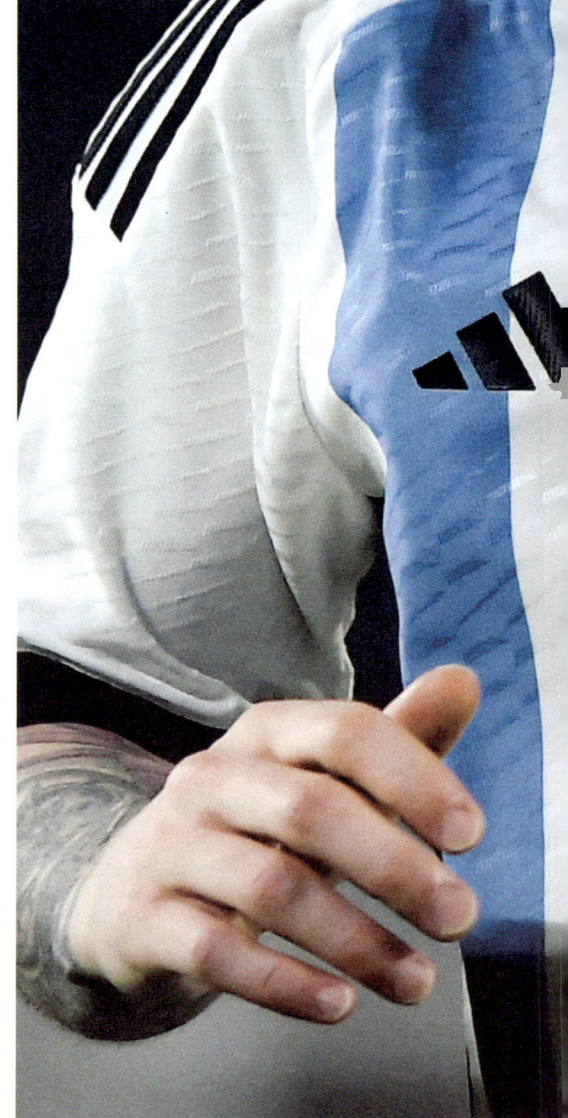

" "

나는 인터 마이애미로 갈 것이다. 바르셀로나 복귀를 진심으로 원했다.

하지만 2년 전과 같은 상황이 되고 싶지 않았다.

내 미래를 다른 사람의 손에 맡기고 싶지 않았다.

오직 나와 내 가족들을 생각하며 스스로 결정하고 싶었다.

바르셀로나 복귀를 원했고, 실제로 논의했다.

하지만 내가 돌아가려면 기존 선수들을 매각하거나 연봉을 삭감해야 한다고 들었다.

그런 일이 나오길 바라지 않았다.

메시는 "바르셀로나 내부에 나의 복귀를 원치 않는 이들이 있다고 들었다. 바르셀로나가 나의 복귀를 위해 모든 것을 다 했는지도 잘 모르겠다"며 바르셀로나와 복귀 협상 과정이 투명하지 않았던 점도 솔직히 밝혔다. 2년 전 바르셀로나와 재계약 가능성을 끝까지 믿었지만 이뤄지지 못했고, 눈물의 이별을 해야 했으며, 구단과 관계가 파국으로 끝났던 상처를 다시 입고 싶지 않았던 것이다. 사우디의 제안은 엄청났지만 자녀의 교육과 환경 문제 등을 이유로 메시는 미국 무대 진출을 결심했다. 미국은 베컴의 주도 아래 인터 마이애미 구단은 물론 메이저리그 사무국이 리그 중계권사인 애플 티비와 더불어 중계권 수익 일부까지 메시에게 배분하는 파격 조건으로 메시를 품었다. 인터 마이애미의 공식 발표는 아직 나오지 않았지만 미국 메이저리그 사무국이 메시를 환영한다고 공식 성명을 냈고, 무엇보다 메시 본인이 마이애미로 간다고 말했다. 최근 규모와 인기가 크게 성장하고 있는 미국 메이저리그 사커(MLS)는 2026 미국·캐나다·멕시코 월드컵 개최를 준비하며, 메시 영입과 함께 유럽이 주도하는 축구의 주도권을 아메리카 대륙으로 가져오고자 큰 걸음을 내디뎠다.

메시가
경기장에서

걷는 이유

COLUMN

메시에게도 시련은 적지 않았다. 부상을 당해 중요한 경기에 나서지 못하고, 상대 수비전술에 꽁꽁 묶인 경험도 없지 않다. 한 시즌 동안 중요 대회 우승컵을 하나도 들지 못한 채 마무리하기도 했다. 이러한 실패 속에서 자신이 잘못한 것이 무엇인지를 되새기고, 보완하며 성장하고 발전했다.

2006-07시즌은 메시가 프로 데뷔 후 확실히 주전 자리를 꿰찬 해다. 그러나 바르사는 이때 라리가와 UEFA챔피언스리그, 코파델레이 등 주요 대회 우승컵을 모두 놓쳤다. 시즌 시작 당시 라리가 우승팀 자격으로 나선 수페르코파 데 에스파냐 우승컵 하나를 챙긴 것이 전부였다. 바르사가 라리가 우승을 놓친 결정적인 계기는 리그 종료가 임박

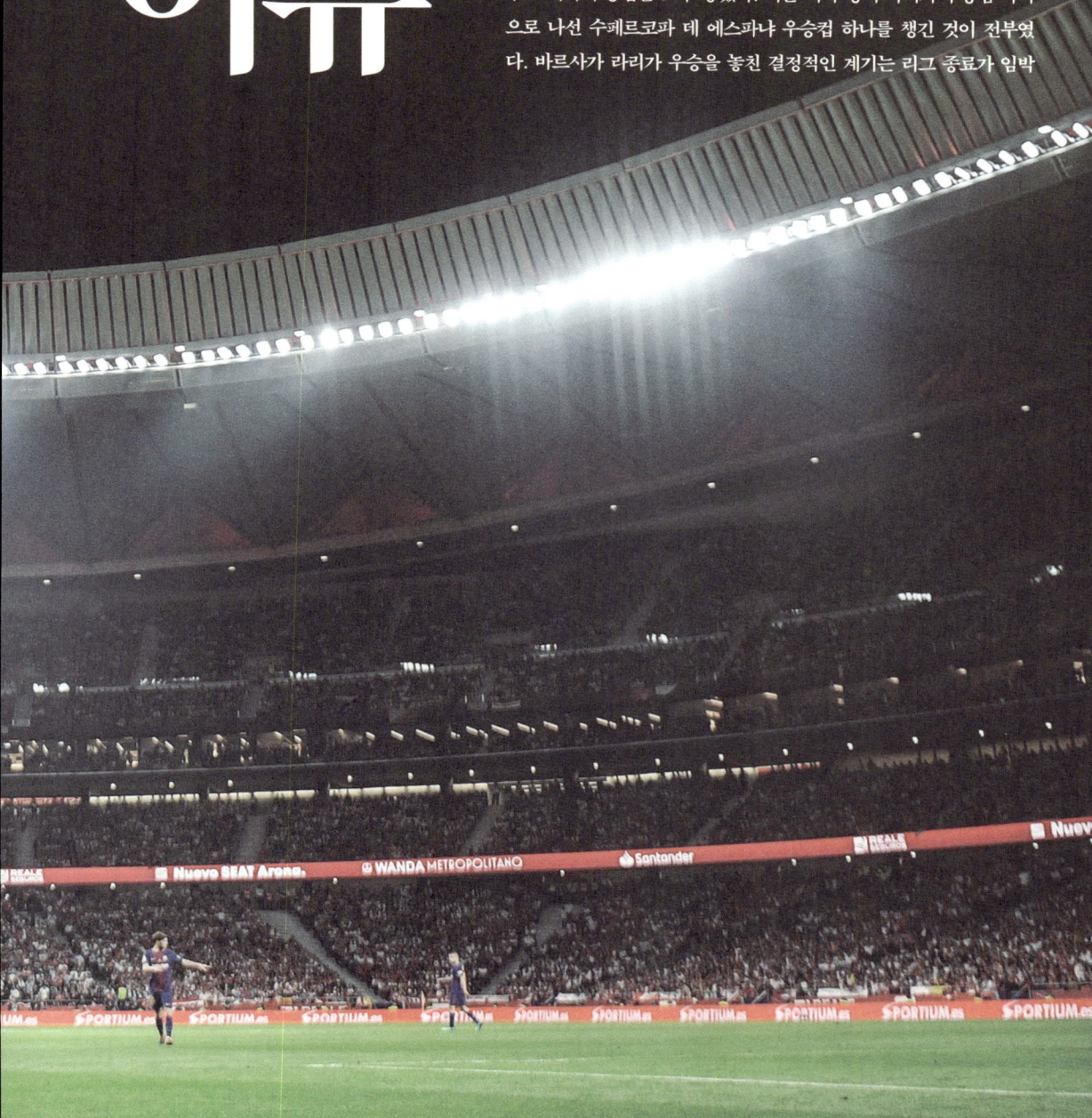

한 36라운드 경기에서의 무승부다. 카탈루냐 더비 라이벌인 RCD에스파뇰과의 경기에서 메시는 2골을 넣으며 맹활약했으나, 팀으로부터 질타를 받았다. 당시 바르사 코칭 스태프의 핵심 인물이었던 헹크 텐카테 코치는 "메시는 프로 인생에서 많은 교훈을 얻었을 것이다. 에스파뇰전에 이기지 못하면서 리그 우승을 놓쳤다. 메시는 자리를 지키지 않았고 공을 되찾기 위해 뛰지 않았다"고 말했다. 메시는 같은 실수를 반복하는 유형의 사람이 아니다. 그 이후 메시는 공격 지역에서 수비적 노력을 게을리하지 않았다. 오직 공격과 골에만 집중하던 메시도 "난 서서히 더 팀을 위해 뛰게 됐다. 내가 굉장히 고집스러웠기 때문에 팀의 입장에선 쉽지 않았을 것"이라며 바르사의 배려와 도움 속에 자신이 진정한 팀 플레이어로 성장할 수 있었다고 말했다.

2007-08시즌에는 다른 문제가 찾아왔다. 메시는 2007년 12월 발렌시아전과 2008년 3월 챔피언스리그 셀틱전에 부상을 당했다. 발렌시아전에 4주 부상, 왼쪽 대퇴이두근 파열로 전치 4주 진단을 받았다. 셀틱전에도 같은 부위에 세 번째 부상을 입어 6주 동안 경기에 나설 수 없었다. 메시는 유소년 시절부터 스타일상 수비의 견제를 많이 당했지만, 특별히 부상이 잦은 편은 아니었다. 한 시즌 동안 두 차례나 작지 않은 부상을 입자 바르사 측에서는 원인 분석에 나섰다. 부상 상황에서 수비와의 경합이 특별히 더 강했던 것이 아니기 때문에 메시의 몸 상태에 문제가 있다고 여겼기 때문이다. 당시 아르헨티나 대표팀의 주치의 오라시오 다고스티노는 부상의 원인으로 메시의 근육 과사용을 지적했다. 메시 자신이 갖고 있는 피지컬 능력에 비해 과도하게 힘을 쓰고 있다는 것이다. 오라시오는 "메시는 자신의 몸이 통제할 수 있는 범위를 넘어서서 달리고 있다. 골을 넣겠다는 강박 때문에 근육을 무리하게 사용하고 있다"고 설명했다. 스페인의 스포츠 부상 전문의 조르디 데솔라의 진단도 같았다. 그는 스페인 라디오 방송 'RAC1'과 인터뷰에서 "메시는 자신의 몸에 너무 큰 부담을 가하며 높은 수준으로 폭발력을 내는 운동 선수"라며 그의 경기 스타일 자체가 부상을 부르고 있다고 말했다. 그는 메시의 상황을 자동차에 비유했다. "F1 자동차는 매우 복잡한 엔진을 사용한다. 메시는 F1 자동차와 같다고 보면 된다. 누구나 1단기어를 두고 120mph로 운전을 하면 엔진이 고장난다. 물론 자동차는 부서지지 않는다. 다음 날이면 쓸 수 있다. 메시는 대단한 스태미나를 갖췄다. 그래서 근력의 한계를 넘어 사용하고 있다. 그런 잘못된 습관이 부상 발생에 영향을 미친다. 근육은 과하게 사용할 경우 다치기 쉽다." 메시의 몸은 자동차와 달라서 쉽게 손상되고, 빨리 회복되기 어렵다. 메시는 지구력이 탁월해 오래 뛸 수 있지만, 근력은 그에 준하지 않아 파열이 생겼다.

당시 바르사 부회장 페란 소리아노와 마르크 잉글라, 치키 베히리스타인 단장은 메시의 근육 부상을 방지하기 위한 방법 찾기에 나섰다. 근육 보호를 위한 근력 강화 운동 및 영양 관리에 나섰다. 메시는 비타민으로 가득한 밀크세이크를 훈련 뒤 마셔야 했다. 개인 트레이너 브라우가 소속팀뿐 아니라 대표팀 일정도 동행하며 훈련 전후로 마사지를 실시했다. 새로운 부상이 나오는 것을 방지하기 위한 체크를 철저히 하고 보강 운동을 시켰다. 훈련장에서도 동료들에게 메시 보호령이 떨어졌다. 바르사 훈련장은 늘 최대치의 집중력 속에 자체 경기가 이어졌지만, 메시에게 거친 파울성 플레이는 금지됐다. 당시 바르사 소속이었던 아이두루 구드욘센은 이런 방침에 대해 바르사 선수 중 누구도 반발하지 않았다고 전했다. "메시는 축구계의 마이클 조던이다. 그런 선수를 보유했다면 잘 보호해야 한다. 그래서 누구도 그런 처사가 불공평하다고 느끼지 않았다. 다른 선수들도 메시의 도움을 받고 있었기 때문이다."

메시의 부상이 많았던 2007-08시즌에도 바르사는 주요 대회 우승을 이루지 못했다. 몸 관리에 성공한 2008-09시즌부터 우승 행진이 시작됐다. 특히 2009년에는 참가한 모든 대회에서 우승하는 위업을 이뤘다. 워낙 많은 대회를 소화했고, 2010 남아공월드컵 남미예선전을 위해 장거리 비행도 자주하면서 프로 데뷔 후 가장 많은 비행거리를 기록했다. 메시는 2009년 한 해 동안 무려 13만 8,418km의 거리를 여행했다. 피로가 누적될 수밖에 없는 여정이었다. 인간의 체력에는 한계가 있다. 2010년 치른 경기에는 전과 같은 우승 행진을 이어가지 못했다. 기대가 컸던 2010 남아공월드컵에서는 8강전에 탈락했고, 메시는 한 골도 넣지 못했다. 바르사도 라리가 우승 외에 나머지 두 주요 대회 타이틀은 지키지 못했다. 몇몇 대회의 조기 탈락과 월드컵 남미 예선 일정이 빠지면서 2010년에는 비행 거리가 6만 5,640km로 절반 가까이 줄었다. 이 결과 2011년 라리가 우승과 UEFA챔피언스리그 우승 더블 달성이라는 또 한번의 성공적인 시즌을 보낼 수 있었다. 많은 대회에서 우승한다는 것은 결국 많은 여행이 더욱 길게 이어진다는 뜻이다. 2011년에는 조국 아르헨티나에서 코파 아메리카 대회까지 열러 다시 여름 휴가 기간이 줄어들고, 먼 거리를 이동해야 했다. 2011년 메시는 13만 2,133km를 여행했다. 2011-12시즌에는 코파델레이 우승에 만족해야 했다.

2013-14시즌은 바르사와 메시가 2008년 이후 최악의 성적을 보인 시기였다. 주요 대회에서 무관에 그친 것뿐 아니라, 꾸준히 4강 이상의 성적을 거둔 UEFA챔피언스리그에서 8강 탈락의 쓴맛을 봤다. 메시의 부상도 잦았다. 2013-14시즌 메시는 6년 만에 50경기 미만의 출전수를 기록했고 리그 경기 득점도 30골 미만을 기록했다. 앞선 세 시즌 53골, 73골, 60골을 기록했던 메시의 총 득점은 41골에 그쳤다. 물론 일반적인 공격수들에겐 꿈과 같은 수치지만, 메시의 입장에선 상승세에 제동이 걸린 흐름이었다.

메시가 오래 전부터 꿈꾸던 2014 브라질 월드컵 참가를 앞두고 있던 시즌이었기에 더더욱 우려가 컸다. 2012-13시즌에 주제프 과르디올라 감독의 뒤를 이어 부임한 티토 빌라노바 감독은 건강 상의 이유로 물러났으나, 2013-14시즌 부임한 아르헨티나 출신 타타 마르티노 감독은 성적 부진과 선수단 관리 실패라는 책임을 지고 사임했다. 다른 시즌보다 적은 수의 경기를 뛰고 2014 브라질 월드컵에 나설 수 있는 것은 전화위복이 됐다. 메시는 아르헨티나를 결승에 올리며 대회 최우수선수에게 주어지는 골든볼을 수상했다. 그러나 결승전에서 메시는 체력적으로 매우 힘들어 보였다. 체력 관리에 실패하자 메시 답지 않은 부정확한 슈팅이 늘었다. 결국 메시는 꿈에 그리던 월드컵 우승이라는 목표 달성을 다음으로 미뤄야 했다. 메시는 2014년에 체력의 한계를 뼈저리게 느끼며 빈손으로 집에 돌아가야 했다. 그때보다 무려 8년의 시간이 지나 2022 카타르 월드컵에 참가한 메시는 더 효율적이고 영리한 선수가 됐다. 대회를 현장에서 취재했던 정지훈 '포포투' 한국판 편집장은 메시의 플레이를 지켜보며 "경기 내내 서 있거나 걸어 다닐 때가 많지만 상황을 모두 파악하고 있다가 움직이기 시작한다. 수비의 틈 사이로 들어가고, 메시가 움직이기 시작하면 공기가 달라지고 뭔가 일어난다"며 메시가 한층 더 노련하게 경기를 운영했다고 설명했다. 30대 중반의 나이를 넘어 후반에 이르는 시점에도 최고의 플레이를 펼치기 위해 찾은 해결책이다. 그러면서도 순간 폭발력, 돌파력을 통해 마법을 만드는 메시는 카타르에서 자신이 왜 '역대 최고의 선수'인지를 분명히 보여줬다.

인간의 체력에는

2014년 여름 바르사의 새 감독으로 부임한 루이스 엔리케는 매우 중요한 인물을 대동했다. 피지컬 코치 라파엘 폴이다. 아무리 위대한 전술도 이를 수행할 수 있는 신체 능력이 준비되어 있지 않다면 무용지물이다. 바르사는 엔리케 감독 체제에서 주전 선수들의 체력 고갈을 방지하기 위한 활발한 로테이션 시스템 가동으로 주목 받았다. 엔리케 감독은 두 경기 연속 같은 선발 명단을 구성하지 않았다. 더불어 선수단의 피지컬 트레이닝 방식을 바꿔 선수들의 기량을 최대치로 끌어 냈다. 이 역할이 피지컬 코치 폴의 몫이었다. AS로마와 셀타비고 시절부터 루이스 엔리케 감독과 함께 해온 폴은 2014-15시즌 바르사 선수단의 몸 상태를 최상으로 만든 일등공신으로 꼽힌다. 바르사에서 성공하지 못한 공격수 놀리토가 셀타에서 부활한 배경에도 폴의 훈련이 있다.

타타 마르티노 감독이 이끌었던 2013-14시즌 바르사는 무관에 그쳤다. 메시를 비롯해 시즌 내내 부상 선수가 다수 발생했다. 이 과정에서는 몇몇 베테랑 선수들이 팀의 훈련 프로그램이 고루하고, 효과적이지 못하다고 항의하는 일도 발생했다. 폴이 진행한 피지컬 훈련을 볼을 가지고 즐겁게 진행되었다. 바르사 선수들의 마음을 사로잡은 것은 물론 선수들의 몸 상태를 활력적으로 만들었다. 4개월 간의 경기 출전 공백을 겪은 루이스 수아레스, 부상이 빈번했던 조르디 알바와 다니 아우베스가 기복 없이 뛸 수 있게 된 배경에도 건강한 몸 상태를 되찾은 것이 주효했다.

폴의 피지컬 훈련에 단순히 운동장을 돌거나 해변 달리기, 웨이트장에서의 근력 운동은 존재하지 않는다. 메시는 "축구 훈련은 좋아하지만 웨이트장에서의 훈련은 정말 하기 싫다"고 말했던 적이 있다. 폴의 훈련은 메시에게 전혀 싫증을 느끼게 하지 않았다. 폴의 훈련은 선수들이 공을 다루기 위해 최대한 유연하게 움직이고 빠르게 가속할 수 있는 방향으로 진행된다. 폴의 피지컬 훈련은 일반 트레이닝과 구분되지 않는다. 전술 훈련과 연동성이 높다. 이는 요한 크루이프 전 감독의 철학이나 주제 무리뉴 감독, 주제프 과르디올라 감독의 방법론과도 맥을 같이 한다.

리오넬 메시가 5kg을 감량하며 최고의 컨디션을 찾은 비결은 철저한 식단 관리와 더불어 폴의 훈련 프로그램이 준 영향이 컸다. 폴은 메시의 부상을 줄이기 위해 체중 감량을 유도한 뒤 매우 엄격하게 경기 중 최고 속도의 스프린트 시도를 제한시켰다. 이를 통해 메시는 더 강해졌고, 빨라졌다. 가속력도 최고 수준으로 향상됐다. 마구잡이로 전력을 쏟는 것은 영리하지 않은 행동이다. 사람의 신체는 사용할수록 닳고, 나이가 들수록 약해진다. 폴은 언제나 모든 것을 쏟으려 하는 메시에게 자신의 몸을 효율적으로 사용할 수 있는 과학적 수치를 제공했다. 메시는 때로 많이 뛰지 않는다거나 경기 중에 걸어 다닌다는 지적을 받기도 했다. 이는 중요한 순간 최대치의 힘을 사용하기 위한 충전의 시간인 것이다. 메시는 힘의 분산을 통해 다시 최고가 될 수 있었다.

한계가 없다

EPILOGUE

아버지 메시,
천재에서 거장으로

나이가 들고 경험이 쌓이면서 사람의 성격은 조금씩 변하고, 꿈과 목표도 달라진다. 욕심이 많고, 야망이 컸던 메시도 베테랑의 길로 들어서며 달라졌다. 더 뚜렷하고 명확한 목표 의식을 갖고 실패를 받아들이고 제어할 수 있는 지혜를 얻었다. 메시는 "내 목표는 항상 팀을 위해 우승컵을 드는 것이다. 그게 언제나 내 동기부여다. 승리다. 팀으로 승리하는 것보다 더 기분 좋은 일은 없다"고 말하며 팀 플레이에 대해 점점 더 집중하는 선수가 되고 있다. 평생 축구만 해왔지만, 축구 열정도 고갈되지 않았다. 성공이 계속된 반복에서 따라온다는 것을 누구보다 잘 알고 있다. 토끼 메시는 수많은 우직한 거북이의 추월을 용납할 틈을 보이지 않는다.

> 동기부여는 내가 걱정하는 부분이 아니다. 난 축구를 사랑하고, 훈련도 사랑한다. 매일 매일 삶이 환상적이다. 성공할 때는 당신이 그것을 계속해서 또 계속해서 반복할 때다.

자기 일을 즐기는 메시에게도 부담감이라는 것이 있을까? 그 역시 사람이기에 없다고 할 수 없다. 그러나 그는 이에 대처하는 방법에 대해서도 알고 있다. 그 스스로 즐기고 있다는 자기 주문을 걸며 마인드 컨트롤에 나선다. 세상에 저절로 되는 것은 없다.

> 축구에서 부담감은 재미있는 주제이다. 개인적으로 나는 최대한 혼자 해결하려고 노력한다. 경기 중에도 최대한 침착히 플레이하려고 한다. 발로 밟는 잔디의 느낌을 기억하면서, 축구야말로 내가 제일 좋아하는 것이라고 스스로 주문을 한다. 매 경기 나는 부담감을 이용하려고 노력한다. 내 능력을 극대화하는 데에 부담감이 도움을 준다고 생각한다. 하지만 부담감을 크게 신경 쓰지는 않는다. 왜냐면 나는 내가 하는 일을 항상 즐기고, 그게 바로 축구이기 때문이다.

아들 티아고가 태어난 이후 메시는 실패를 컨트롤하는 것에 더욱 집중하고 있다. 스페인 스포츠지 '마르카(Marca)'의 아르헨티나 특파원 베로니카 브루나티는 메시가 아빠가 된 이후 "아들을 고려하며 결정을 내리기 시작했다. 아주 작은 실수라도 하지 않아야 한다는 두려움을 갖게 됐다"고 말했다. "이 두려움이 메시를 더욱 성장하도록 도왔다. 브라질 월드컵 결승전에서 패배하는 힘든 순간을 이겨내는 과정에 이러한 감정적 변화가 큰 도움을 줬다."

메시도 '티아고 효과'를 인정한다. 오직 축구만 생각하고, 승부욕의 화신이던 메시는 이제 적절히 승부욕과 야망을 컨트롤하고 긍정적으로 승화시킬 수 있는 노련함을 얻었다.

> 아들이 태어나면서 내 모든 것이 달라졌다. 첫 번째는 무조건 아들이다. 그 다음에 다른 일들이 있는 것이다. 경기를 대하는 방식도 달라졌다. 그 전에는 경기에 지거나 나쁜 일이 있으면 3~4일 동안 누구와도 거의 대화를 하지 않고 지냈다. 다시 경기를 통해 극복할 때까지 침묵했다. 지금은 경기를 마치고 집에 가서 아들을 보고 모든 것을 잊는다. 아빠가 되는 것은 나 자신이 성장하는 데에 도움을 주고 삶에는 축구 외에 더 많은 것들이 있다는 걸 생각하게 한다.

지금 메시는 첫째 아들 티아고에 이어 2015년 둘째 아들 마테오, 2018년 셋째 아들 시로까지 태어나 삼형제의 아빠가 됐다. 소년에서 아버지가 된 지 오래다. 메시는 이미 축구 역사상 불멸의 존재다. 메시가 더 특별한 것은 축구 역사를 지배한 그 어떤 스타보다 눈부시게 등장해, 빠르게 타올랐음에도, 그 불길을 누구보다 꾸준히 지속하고 있다는 점이다. 순간의 스파크가 아닌 불멸의 불꽃으로 여전히 살아 있다. 이미 정상에 있지만, 메시라는 선수가 써내려갈 역사가 얼마나 더 대단할지 짐작도 할 수 없다. 메시는 그동안 다양한 분야에서 등장한 천재가 불꽃처럼 나타났다가 사라진 것과 달리, 거장의 반열에 들어섰다. 메시의 불꽃은 영원히 이어질 것처럼 흔들림이 없다. 메시는 자신의 재능과 성공을 지킬 줄 아는, 노력하는 천재의 귀감이다.

Lionel
Messi

1ST PUBLISHED DATE 2023. 7. 28

AUTHOR Sunsoo Editors, HAN June
PUBLISHER Hong Jungwoo
PUBLISHING Brainstore

EDITOR Kim Daniel, Hong Jumi, Park Hyerim
DESIGNER Champloo, Lee Yeseul
MARKETER Bang Kyunghee
E-MAIL brainstore@chol.com
BLOG https://blog.naver.com/brain_store
FACEBOOK http://www.facebook.com/brainstorebooks
INSTAGRAM https://instagram.com/brainstore_publishing
PHOTO Getty Images

ISBN 979-11-6978-011-7(03690)

Copyright © Brainstore, HAN June, 2023
All rights reserved.
Reproduction without permission is prohibited.

LIONEL MESSI